백기범 담론집

사랑의 패러다임

사랑의 패러다임

2004년 5월 10일 1쇄 발행
저   자 백기범
발 행 처 녹색평론사
주   소 대구시 수성구 범어4동 202-13
전   화 (053)742-0663, 0666
팩   스 (053)741-6168
출판등록 1991년 9월 17일 제6-36호

값 8,000원

ISBN 89-90274-22-2 03320

contents

하늘의 춤, 땅의 춤

명지대학교 산업디자인학부 교수 이 대 일

브라흐마, 비쉬누, 시바.

각기 창조와 유지 그리고 파괴를 담당하는 힌두교의 주신이다. 이는 생성과 존속 그리고 소멸에 관계된 신이기도 하다. 우주·만물은 이 신들의 관장 하에 세상에 모습을 드러냈다가 사라진다. 이 리듬에서 자유로운 건 아무것도 없다. 생물이건 무생물이건, 아니, 우주조차 이 대순환의 틀 속에서 꿈을 꾸고 춤을 추며 자신을 전개시켜 나간다. 이것은 하나의 거대한 포물선과도 같은, 비상과 낙하 운동이며 율동이다. 춤 추는 우주는, 찰나적으로 명멸하며 부단히 모습을 바꿔나가는 무수한 세포들을 그러안고 자기 전개를 지속해 나간다. 바이러스에서 은하에 이르기까지 만물은 보이지 않는 어떤 힘을 중심으로 한 우주 세포들이자 생성과 소멸을 통해 끊임없이 이합집산을 반복해내는 우주 춤의 주인공들이다.

그래서 신들은 서로 어깨동무를 하고 춤을 춘다. 생성된 것은 잠시 지속성을 보이다가 어느 결엔가 소멸로 이어지는 연속적인 현상이기 때문이다. 자신의 꼬리를 물고 있는 뱀처럼 파괴는 창조로 이어지며 창조는 파괴 속에서 비로소 의미를 갖는다. 생성 속에 소멸이 내재되어 있고 소멸은 생성을 품고 있다. 만물은 창조와 소멸을 한 몸에 아우르고 있는 무지개나 구름 같은 존재다.

그런데 존재가 시간성을 지니고 있음에 반해 그 창생이나 소멸엔 이것이 배제되어 있는 듯이 보인다. 다시 말해 일정한 길이의 직선처럼 시발점과 종점은 무시간성으로 보인다. 그러나 선분의 시간성은 가시적인 것임에 반해 그 시작과 끝은 비가시적인 것일 뿐이다. 창조와 소멸 사이에 유한 지속이라는 연속적 시간성이 자리하고 있다면 소멸에서 창조에로의 이행에는 불연속적 시간성이 내재되어 있기 때문이다.

존재란 가시적인 것과 비가시적인 것이 한 몸을 이룬 운동태이다. 만물은 스스로를 지켜내기 위한 내재적 리듬이자 각기 다른 주기를 갖는 소리듬으로서 이것들이 어우러지며 서로를 변화시켜 나간다. 현상계란 만물의 상호 관계와 작용 속에서 생성과 소멸을 거듭하며 변화되어 나가는 상호적 리듬이기도 하다. 이것은 존재가 고형적인 실체라기 보다도 부단히 요동하는 파장이요, 변화태이기 때문이다. 여기에 이러한 변환은 개체이건 집단이건 주기적 순환성을 갖는다.

자연은 무엇보다 이러한 하늘의 리듬을 따를 뿐 스스로의 의지로 리듬과 변화를 창출해내지는 않는다. 여기에 반해 인간은 각종 제도나 기술 등을 통해 삶의 조건과 리듬을 변화시켜 나간다.

이러한 운동은 우리를 둘러싸고 있는 환경을 적극적으로 변화시키고 이것은 역으로 우리에게 직접적이고 구체적인 작용을 시작한다. 우리가 바꿔낸 환경이 우리를 변화시키는 것이다.

　　그렇지만 우주적인 시각에서 인간 또한 이 자연의 리듬으로부터 크게 벗어나 있는 것 같지는 않다. 문명의 흥망성쇠를 비롯하여 예술 양식의 변천이나 개인의 일생에 이르기까지 우리의 의지에서 비롯된 선택적 행위들이 거시적으로는 우리 자신도 의식하지 못하는 차원에서 일정한 패턴을 그리며 생성과 지속 그리고 소멸을 반복해내고 있기 때문이다. 세계의 주요 종교를 비롯하여 인류의 교사라고 할 수 있는 세계적인 성인이나 현인들이 대개 기원 직전의 수세기 사이에 그 모습을 드러낸 것도 봄날의 꽃들과 같은 자연현상 가운데 하나일 것이다.

　　그렇다면 인간 또한 무리지어 강물 모양으로 이동을 거듭하는 북구의 순록이나 아프리카의 누우 떼처럼 시간과 공간 속에 한 줄기의 물길을 그려내고 있는 또 한 무리의 자연의 아이들에 지나지 않을 것이다. 열심히 발길을 내딛고 있으면서도 제가 딛어가는 길에 무의식적이고 더구나 그 의미나 가치를 따져보지 않는 맹목의 열정 속에서 먹이만을 찾아 부지런히 걸음을 옮겨대는 동물 세계의 한 부분일 것이다.

　　이런 강물이 오랜 세월동안 비슷한 모습으로 흘러내려 왔다. 이것은 우주가 독특한 능력을 지닌 개체를 상대로 하고 있지 않음에서일 것이다. 그러나 인류는 빼어난 교사나 특별한 능력을 소유한 개인을 따라 움직여왔고 이 속에서 존망을 거듭해 왔으며 앞으로도 이런 상황은 지속될 것이다. 따라서 현재와 장래에 대해 지혜로운 전망을 지닌 이들의 역할은 여전히 중요한 몫을 차지할 것이다.

　　그런데 이런 현상은 이성을 지니고 있다는 인간만의 특별한 것이 아니라 군집 생활을 하는 동물계에 공통으로 드러나는 양상이기도 하다. 다시 말해 우두머리를 따라 함께 행동하는 동물계의 특성이 인간 사회에서도 똑같이 반복되고 있음에서다. 벌이나 개미 혹은 수 만 마리의 가창오리나 정어리 떼는 특정한 리더도 없이 전체가 하나의 몸처럼 움직인다. 개체가 하나의 몸체를 이루는 단위 세포로서 기능하는 것이다. 여기엔 보이지 않는 어떤 중심핵이 두뇌처럼 작용하고 있기 때문일 것이다. 따라서 동종의 집단을 벗어난 개체는 아무런 의미를 갖지 못한다.

이것은 인간도 마찬가지이다. 우리 개개인은 제 아무리 특출한 능력이나 힘을 지니고 있다 할지라도 인류라는 한 몸체의 단위 세포에 지나지 않는다.

그러나 인간이 곤충과 다른 점은 리더를 만들어내고 이를 중심으로 서로 유사한 운동을 해나간다는 점이다. 따라서 환경이나 상황변화에 따라 우리는 이에 대응할 수 있는 리더를 탄생시키기도 한다.

그럼에도 불구하고 동물이나 인간은 좀처럼 변화된 모습을 보여주지 않는다. 변화란 일반적으로 장구한 시간대에서의 점진적인 현상이기 때문이다. 생물계의 진화란, 찰스 다윈에 따르면 자연선택으로서 이것은 환경변화에 따른 생명의 새로운 적응 양태이거나 변이다. 다시 말해 우연성과 생존 의지성이다. 여기엔 선·악이나 미·추의 개념이 들어설 자리가 없다. 이에 반해 인간은 무언가를 지향하며 각종의 문명을 창출해내는, 의지적이고 능동적이며 정신적인 존재다. 우리는 사회 환경과 자연 환경에 대한 적극적인 작용태이자 스스로가 변화의 가능태이기도 하다. 그러므로 인간의 변화에는 도덕이나 윤리 혹은 가치 개념이 구체적인 인자로 작용하게 된다. 여기에서 중요한 것은 지향 방향이다. 그러나 인간은 선사시대 이래 보다 근본적인 차원에서 여느 생물처럼 별로 달라진 게 없어 보인다.

우리는 여전히 집단 간의 투쟁을 통해 자신의 정체성을 견지하고 있으며 집단의 야만성과 폭력성에 매몰되어 있는 것으로 보인다. 이것은 집단적 광기에로의 함몰이며 의식의 실종이기도 하다. 이것은 우리가 역사적으로 부침을 반복해온 여러 사회 제도나 정체 그리고 사회적 지향 등을 깊이 있게 바라보며 그 의미를 천착해내어 새로운 지향점을 모색해내기 보다는 저간의 동일한 궤적을 색깔 다른 무늬로 반복해내고 있음에서다. 또한 생성과 소멸 사이의 짧은 줄 위에서 선조들과 동일한 삶의 패턴을 반복해내고 있음에서다. 이것은 역사가 우리에게 하나의 소설로 기능하고 있을 뿐 삶 속에서 실질적인 의미를 갖고 있지 못함을 의미한다.

더구나 원시시대 이래 우리가 적개심에 따른 공격성이나 파괴성에서 단 한치도 벗어나지 못했다는 점에서 인간의 변화는 없어 보인다. 또한 개인의 우월감이나 집단 간의 패권주의가 동일한 맥락 속의 그것임에도 불구하고 이에 대한 분별이 없다는 점에서, 나아가 우리네 삶의 지향이 오로지 물질가치로 경도되고 있다는 측면에서, 그리하여 진정한 의미의 희망을 상실하고 있다는 점에서 오히려 퇴행적 변화 속에 놓여 있는 것으로 보인다.

보다 냉정한 의미에서 동물은 일반적으로 공격적이거나 파괴적이지 않다. 육식동물의 공격성은 공격성이라기보다 생존성이다. 공격성이나 파괴성이란 자연의 생물학적 현상과는 상당히 다른, 인간의 불안감이나 공포심에서 비롯되는 특이한 마음의 현상이다. 물론 벌이나 개미처럼 집단적인 공격성이나 파괴성을 보이는 곤충도 있긴 하지만 이것 또한 존재 유지를 위한 한계 공간의 확보라는 측면에서 인간의 그것과는 사뭇 내용이 다른 것이다. 인간은 사회적 욕망 공간의 확대를 위해 투쟁하고 몸부림친다.

더구나 개인이나 집단의 우월감이나 이에 기초한 패권주의란 생물학적 현실에서 한 발자국도 벗어나지 못한 동물적 양상에 지나지 않는다. 이는 그 어떤 형태로서든 폭력성과 억압성을 띄게 된다. 따라서 이러한 마음의 바탕에 인간의 평등이나 만물 동등 의식이 들어설 자리는 없다. 이것은 우리가 하늘의 아들 딸이 아니라 인간의 자식이며 우주 속의 존재가 아니라 인간 사회 속의 존재라는, 폐쇄적인 의식에서 비롯되는 것이다. 이것이 우리로 하여금 사회적으로 인간끼리만의 작용과 반작용을 반복하게 만들고 있으며 역사적으로는 지근(至近)의 현상에 대한 작용과 반작용을 거듭하게 만드는 원인이 되고 있다.

그런데 이것은 인류의 삶과 역사에 대한 조감 능력의 부재를 드러내는 것이자 자아에 대한 병적인 집착을 의미하는 것이다.

이것은 자신에 대한 구속이자 세계와의 단절이고 유폐다.

이렇게 본다면 인간은 이 지상에서 걸음마를 시작한 이래 자신에게 주어진 특정 인성만을 따라 수동적인 삶을 단순 반복해온 것에 지나지 않는다. 그리하여 개인으로서건 아니면 집단으로서건 역사의 지도에 비슷한 크기의 동심원들을 누적적으로 그려온 셈이다.

그러나 인간은 스스로의 행위에 대한 자각 능력과 아울러 정신적 진화의 가능성을 지니고 있는 존재이기도 하다. 여기에서의 진화란 통합된 의식을 지닌 영성적 존재로서의 그것이다. 이것은 생명체와 비생명체, 존재와 비존재 그리고 물질과 정신을 하나로 아울러낸 통합된 의식을 바탕으로 한 전일적인 존재로의 변환을 의미하는 것이기도 하다.

이것은 철저한 자기 부정과 파괴 나아가 새로운 세계

에 대한 전망과 각성을 통해 가능한 일이다. 이러한 의미에서 인간의 진화란 미시적이고 조야한 의식의 존재에서 성장한 영성적 존재로의 변화일 것이며 세계적인 차원에서는 수평적 문명 순환에서 상승적 전환으로의 대운동일 것이다. 이것은 영성을 대신한 기술 문명으로부터의 방향 전환이자 인간과 환경에 대한 공격적이고 파괴적인 태도로부터 모성적 수용성으로의 전환이기도 하고 제 관계의 조화와 균형이라는 측면에서 비로소 진일보한 삶의 자세이기도 할 것이다. 그리고 이러한 변화가 진정한 의미의 진화일 것이다. 이때 문명은 새로운 차원에서 전개되기 시작할 것이며 인간의 존재 유지의 의미가 비로소 제 값을 갖게 될 것이고 소멸이나 생성 또한 새로운 의미를 지니게 될 것이다.

우리는 우주 내에서 인간의 의미를 알고 있지 못하다. 아니, 의미가 있는 것인지 아닌지 조차 모르고 있다. 그러나 적어도 우주 내의 전 존재가 서로 유기적인 관계를 맺고 있으며 상호 작용을 통해 변화되어 가고 있다는 사실만큼은 분명하게 인지하고 있다. 그럼에도 불구하고 우리네 삶은 여전히 수면 상태에 놓여 있는 것으로 보인다.

우리 인간은 대개가 반 무의식 상태로 일생을 보낸다고 한다. 다시 말해 각성되지 않은 반 최면 상태로 한 평생을 살아가는 것이다. 이것은 특정 환경과 조건에서 형성된 일정한 삶의 태도와 반응방식 그리고 편향된 사고 습성을 상황 변화에 관계 없이 무의식적으로 반복해내는 고형적인 삶을 말한다. 달리 말해 제2의 천성이라고 하는 습관에 따른 관성적 삶이며 자동로봇과도 같은 기계적인 삶이다.

우리는 자신이 하는 일에 있어서조차 맹목적 습관을 따르고 있을 뿐만 아니라 그 의미와 가치에 대한 물음 또한 귀하기만 하다. 그러나 '나는 무얼 위해 왜 살고 있으며 현재 어떤 상황에 놓여 있고 또 어디로 가야 하는가' 하는 질문을 놓아버리는 순간 우리는 '호모 사피엔스'에서 '영리한 원숭이'가 되어버리고 만다. 역사적인 존재에서 생물학적인 존재로 뒤바뀌는 것이며 심해에 칩거하여 진화를 거부하는 화석 물고기 실러캔스가 되는 것이다.

이러한 의미에서 우리에게 가장 필요한 것은 냉정한 현실 인식이다. 이는 무엇보다 나를 둘러싸고 있는 정치 · 경제 · 사회 · 문화 환경 등에 대한 명료한 인식이다. 그러나 이것은 나 자신에 대한 보다 객관적인 인식을 전제로 비로소 가능한 일이기도 하다. 우리가 특정 욕망이나 호오 아니면 기대감이나 공포심 같은 감정에 휩싸여 있을 때 현실은 쉽사리 왜곡, 변형되기 때문이다.

따라서 우리의 현실 인식은 지향적 인식이며 그것도 가치 지향적 인식일 것이다. 여기에 나 자신과 아울러 현실에 대한 동반 인식은 우리로 하여금 사유적 운동과 운동적 사유를 가능케 하며 나아가 개인과 사회를 활성화시켜주는, 생명의 진정한 기제로 작용하게 된다.

이렇게 볼 때 얼핏 다이나믹해 보이는 현대의 활성은 오히려 현재 속으로의 매몰 과정에서 드러나는, 유령의 맹목적 활성으로 읽혀진다.

산업자본주의는 이미 투기성 금융자본주의로 변모되었으며 경제는 정치를 뛰어넘어 벌써 독자적인 행보를 시작했고 그리하여 정치를 대신하는 독립적인 힘으로 분명하게 자리잡은 것으로 보인다. 물론 협의로는 정치가 경제이고 경제가 곧 정치다. 그러나 유형 · 무형의 손에 의한 경제력 중심의 세계가 단지 경제 논리만을 따르게 되었다는 점에서, 그리고 경제 질서 자체의 붕괴와 아울러 세계적인 공

멸 가능성이 그 어느 때보다도 증대되었다는 점에서 이같
은 상황은 극히 위험스러워 보인다. 현대 세계가 단 하나의
시계로서, 여러 국가가 통합된 경제 구조 속에서 하나의 톱
니바퀴에 지나지 않음은 지난 IMF를 통해 충분히 검증된
바 있기 때문이다.

　더구나 이것은 세계적으로 빈부의 극심한 양극화 현
상을 야기시켜 사람들을 기아와 낭비적 소모의 양 극단으
로 내몰고 있으며 이에 따라 인류는 그 어느 쪽을 막론하고
존재의 실종으로 치닫고 있는 것이다. 이 때문에 한편에서
는 전 인류의 20퍼센트 정도가 절대 영양결핍 내지 기아 상
태에서 생명을 잃어가고 있음에 반해 또 한편에서는 대중
문화 스타나 상품 브랜드에 대한 우상화가 심화되면서 무
의미한 현대판 신화를 끊임없이 확대 재생산해내어 존재의
공허나 부재를 드러내고 있기도 하다. 그런데 이러한 현상
은 저간의 국지적인 양태가 세계적인 양상으로 퇴행 전화
된 것으로서 특히 후자의 경우는 의미있는 삶의 축의 실종
을 증거하는 현상이기도 하다.

　이에 따라 오늘날의 사회적 담론은 전 지구적 맥락에
서의 정치·경제 문제가 거세된 왜곡된 것이거나 아니면
지엽말단적이고 미시적인 것으로 위축되어 그 자체가 생산
적 의미를 갖기 어려운 것이 되고 있다. 사회·문화란 그
어떤 형태로건 정치·경제 문화의 반영이기 때문이다.

　이러한 맥락에서 본서가 갖는 의미는 각별해 보인다.
그것은 현대 사회의 정체와 우리의 상황을 조감해볼 수 있
도록 만들어주는 담론의 거시성 때문이기도 하거니와 세계
정치·경제의 중심부와 주변부의 문제를 아울러 그 역학
구도와 양상을 심도 있게 규명해냄으로써 세계 갈등과 모

순의 집약처이자 능동적 수용처라고 할 수 있는 한반도의
정치·경제 문제를 보다 근본적인 차원에서 되짚어 보게
만들고 있기 때문이다. 다시 말해 현상의 이면에 내포되어
있는 동인과 구조를 선명하게 부각시켜 20세기 후반부의
한·미·일의 정치·경제 관계에 대한 통찰 및 향후 인류
사의 전개 방향에 대한 어림을 가능케 해주고 있는 것이다.

**그러나 본서에서 무엇보다 중요한 점은 계몽주의 이후 근대 합리주의에 기초한
근대국가의 붕괴를 적시하고 있는 점이며 아울러 자본주의의 붕괴에 따른
새로운 패러다임의 도래를 예견하고 있는 바 우리가 이미 이 대격변기의 문턱으로
들어섰다는 저자의 놀라운 사회적 진단이다.**

그리고 이러한 패러다임의 이행 현상이 곧 대혼돈이다.
현대 자본주의 사회의 붕괴와 혼돈의 징조는 도처에
서 드러나고 있다. 저자에 따르면 그것은 무엇보다 과잉과
집중이며 적의 부재다. 여기에서 과잉과 집중은 생물학적
불균형의 문제와도 연계되는 것으로서 이것은 사회 전체의
혼돈과 붕괴의 조짐으로서 충분한 근거가 된다. 이것은 또
한 저간에 반복되어온 경제 공항과 파국의 전조라는 측면
에서도 필요충분조건이 된다. 더구나 우리 인간은 이러한
파국적 상황을 견제하거나 조절할 수 있는 능력을 갖추고
있지 못하여 수시로 크고 작은 파국의 덫에 걸려들곤 했다.
이는 자가증식을 통한 숙주의 완전한 파괴와 더불어 제 자
신마저 사라지는 전염성 세균의 생성·소멸 메커니즘과 비
슷한 양상이기도 하다.
그런데 미구에 도래할, 아니 저자에 따르면 벌써 시작
된 것인지도 모를 이 대혼돈의 전제 가운데 한 축이 왜 '적
의 부재' 인가. 그것은 현대사회가 이데올로기의 대립에 따
른 군산복합체로서 이것이 세계 경제를 지탱하는 중요한

초석으로 기능해왔기 때문이다. 따라서 공산주의의 소멸은 거꾸로 자본주의의 존립 근거를 상실해버리게 만듦으로서 '죽은 자가 산 자의 발목을 잡는', 해괴한 양상을 연출해내고 있는 것이다.

또한 인간이 만들어낸 저간의 이데올로기나 사회 체제 역시 하나의 유기체로서 이것들 또한 제 수명을 다하고 나면 역사의 무대에서 퇴장하게 되어 있는, 잠정적인 사회 장치에 지나지 않는다. 자본주의 역시 마찬가지다.

이것은 그간 국제적으로 작동해온 사회가치의 해체와 붕괴를 의미한다. 그리고 이러한 가치의 소멸은 우리가 새로운 방향 모색을 통해 또 다른 좌표점을 찾아 나서기도 전에 자기 리듬을 따라 이미 스스로의 길로 들어선 것이다.

그러면 이를 대신할 새로운 패러다임이란 무엇인가. 역설적인 일이지만, 이것은 현대 물질문명의 피드백으로 야기된 환경 문제로서 장차 전 인류에게 재앙이 될 수 있는, 이 환경에 대한 '사랑'이 될 것이라고 본서는 밝히고 있다. 그러나 여기에서의 사랑이란, 복음서에서처럼 막연하고 추상적인 것이 아니라 매우 구체적이고 현실적인 개념의 것으로서 인류 생존의 문제로까지 소급되는, 대단히 중요한 키워드로 제기되고 있다.

그런데 이것은 자연과 우주의 자기조직화(Self-Organization) 과정에 동참하게 되는 시대적 패러다임으로서 중요한 의미를 갖는다. 따라서 우리의 생각이나 실천적 의지 여부에 상관없이 인류가 이 지구라는 우주선에서 살아남기 위해서는 사랑을 해야만 하는, 새로운 시대가 급속히 움터 오르고 있다는 것이다. 그런데 이러한 논지는 세계사의 대전환에 자연과 우주가 개입하고 있다는 사실을 내포하고 있으며 나아가 인간의 의지와 하늘의 조응 문제를 중심적인 문제로 부각시키고 있다.

미국의 생리학자 재레드 다이아몬드는 제 인종이나 민족간의 문명 전개의 상이성에 대한 원인을 인간의 지력이나 의지와 무관한, 병리학이나 유전학 혹은 생태학이나 언어학 등을 통해 설득력 있게 제시하고 있다. 이것은 제 종족의 흥망성쇠나 역사전개의 상당 부분이 그간 우리에게 숨겨진 코드에 따라 이루어져 왔음을 보여주는 것으로서 지구에서의 인간의 의미와 역할을 재고해 보도록 만들어 주고 있다. 즉 여러 민족이나 문명의 부침에 자연이 철저히 개입하여 역사의 일정 부분을 담당해온 것이다. 그러나 이것은 보다 온당한 의미에서 개입이라기 보다 인간과 자연의 관계와 작용이다.

앞으로도 과학적 규명에 선행하는, 보이지 않는 하늘의 손이, 스스로를 움직여 가고자 하는 인간의 삶에 대한 자세와 인류사에 지속적으로 작용할 것이다.

이러한 인간의 의지와 하늘의 조화가 바로 순명(順命)일 것이며 이 조화로부터의 일탈이 무질서이자 혼돈이고 파국일 것이다.

이런 의미에서 본서는 많지 않은 원고에도 불구하고 매우 의미심장한 문제들을 부각시키고 있는 셈이다. 그것은 의미 깊은 사실들의 체계화와 탁월한 직관력을 바탕으로 급전하고 있는 오늘날의 세계 맥박을 짚어내 병든 문명의 원인과 실체를 밝혀내고 있다는 점에서, 그리고 적당 시간 앓아야만 치유가 가능하다는 문명사적 진단을 통해, 나아가 이제는 우리가 삶의 자세를 근본적으로 바꿔야만 한다는 암묵적 담론을 통해, 우리로 하여금 생명과 현실에 대한 새로운 인식과 아울러 자아에 대한 각성을 묵시적으로 촉구하고 있는 것이다.

담론 *1*

대혼돈

패러다임 시프트(Paradigm Shift)란 기존의 논리나 가치관이 통하지 않아서 이해의 방법을 달리 구하는 것이다. 이것은 1960년대에 자연과학 분야에서 만든 말이다.

뉴턴의 물리학으로는 설명할 수 없는 사례가 나타나기 시작하자 자연과학이 새로운 논리로 새로운 이해의 방법을 만들어가는 것을 일컫는 말이다.

그러나 우리는 지금 이런 자연 현상에서가 아니라 현실 사회에서 패러다임이 달라지고 있는 것을 보고 있다. PC세대를 패러다임 시프터(Paradigm Shifter)로 묘사하는 것과 같은 레토릭(Rhetoric, 修辭)이 아니라 말 그대로 "세상 참 많이 달라졌다"고 하는 것으로서의 패러다임 시프트다.

"참 많이 달라졌다"지만 어떻게 달라지고 있는가에 대해서는 아직 아무도 체계적인 이해를 갖지 못하고 있다. 그러나 이것을 분별해 내서 달라진 이해의 방법을 알 수만 있다면 미래를 예측하고 현실을 재단하는 데 이보다 더 확실한 방법은 없을 것이다.

엘빈 토플러는 오늘날 세계를 휩쓸고 있는 대변화를 정의해서 "미래가 현재에 미리 와 있는 것"이라고 했다. 따라서 이 대변화를 추궁해 나간다면 우리는 미래에 관한 일관된 이미지를 찾을 수 있어서 종내는 달라진 이해의 방법, 즉 새 패러다임을 만날 수 있을 것이다.

대변화는 기존 체제(나라의 정치·경제 틀은 물론, 북한·미·일 등 국제적 연관까지를 포함해서)를 무너뜨리고 있으며, 동시에 새로운 현상들이 나타나고 있다.

예컨대 한국 경제는 더 이상 종합상사로 상징되는 조립수출주도형 경제가 아니다. 세계화에 더해서 반도체, 철강, 석유화학 등 중간생산재 모노컬처(Monoculture)적인 성격으로 변한 지 오래다. 그러나 세계화도, 이런 모노컬처도 다른 무엇으로의 대변화가 진행되는 과정에서 나타나는 일시적 현상에 불과하다.

전체적으로는 낡은 것이 현실에서 와해되고 있지만 관념에서는 이것이 그대로 살아남아 혼돈을, 나아가 엄청난 혼돈 비용을 강요하면서 새로운 질서로 치닫고 있는 것이다.

시대적 적합성을 잃고 표류하는 정치와 경제를 억지로 지탱하는데 소모되는 엄청난 비용은 물질적인 것만이 아니다. 이로 인한 인간과 사회 심성의 혼돈을 포함하여 오늘날 우리 사회에서 벌어지고 있는 일련의 현상들은 낡은 것이 모두 무너지고 새로운 것이 태동하는 대혼돈 그 자체이다.

그러나 혼돈, 즉 구체제의 와해는 결국 새로운 질서로 수렴될 것이지만, 이것은 무엇보다 재앙을 예비하고 있어서 두렵다. 따라서 이 혼돈과 거대한 혼돈 비용을 언젠가 나타날 새로운 질서를 천착함으로써 줄여보자는 것이 이 글의 일차적인 목표다. 어떻게 변화되고 있는지를 안다면 안간힘을 쓸 이유가 없지 않은가.

변화 자체보다는 변화를 거부하는 자들이 재앙을 만든다. 노론·소론과 다를 바 없는 보수·진보라는 낡은 패러다임에 얽매여 있는 여의도 정치도, 없는 것을 있는 것으로 있는 것을 없는 것으로 허위의식을 양산해내어 어제와 같은 오늘이 되풀이 되도록 조작하고 있는 언론도, 낡은

노론·소론과 다를 바
없는 보수·진보라는 낡은
패러다임에 얽매여 있는
여의도 정치도、 없는 것을
있는 것으로 있는 것을
없는 것으로 허위의식을
양산해내어 어제와 같은
오늘이 되풀이 되도록
조작하고 있는 언론도、
낡은 경제 틀에 매달려
엄청난 돈을 퍼붓고 있는
경제도 모두 혼돈을
가중시키고 있을 뿐이다。

경제 틀에 매달려 엄청난 돈을 퍼붓고 있는 경제도 모두 혼돈을 가중시키고 있을 뿐이다.

여기에 더해 한반도는 또 세계적인 규모에서 낡은 패러다임, 즉 북핵과 부시의 '적 만들기'가 대변화와 마지막 싸움을 벌이고 있는 세계 혼돈의 중심이다. 나라 안팎에서 변화를 거부하는 세력들로 인해 변화는 더 큰 소용돌이를 일으키며 인류의 역사를 새로 쓰고 있는 것이다.

1970년대 이후 세계를 휩쓸고 있는 이 문명사적 대변화는 워낙 거대하여 아무도 그 전체상을 파악하지 못하고 있는 실정이지만 이것은 벌써 1980년대부터 본격적으로 세계를 뒤바꾸고 있다.(담론 2, 3, 4 참조)

오늘날 세상을 읽는 키워드는 '과잉과 적의 부재'다. 1970년대에 들어서면서 인류는 역사상 처음으로 세계 전체의 생산 능력이 의식주 유틸리티 모든 부분에서 수요를 넘어서는데 이르렀으며 1990년대 후반에는 이것이 다섯 배에 달하게 되었다.

그러나 옛부터 남는 것은 모자람만 못하다고 했다. 자본주의 경제 체제에서 과잉은 주기적으로 크고 적은 디플레이션을 일으켜 왔지만 오늘날의 절대과잉은 너무 많이 먹어서 설사하는 정도의 카타르시스가 아니라 자본주의나 사회주의 자체의 근거를 무너뜨리고 있는 것이다. 모자라니까 더 생산해야 한다든가, 모자랄수록 나누는 것이 먼저다 하는 '모자람'이라는 전제가 사라진 것이다.

전제가 사라진다는 것은 이를테면 땅이 꺼지는 것과 다를 바 없는 현상이다. 지반이 내려앉고 있어서 빌딩이 조금씩 붕괴되고 있지만 아무도 눈치채지 못하는 형국이다.

생산과잉-유통과잉-소비과잉-환경파괴-자원고갈, 이 악순환의 고리는 이제 인간의 의도와 관계없이 그 자체로 자기전개를 계속하고 있다. 이것은 유사 이래 2천년 가까이 지속해온 과소시대의 심성이나 이념 그리고 체제를 무너뜨리면서, 한편으로는 환경재앙으로 나타나 인간과 삶 자체의 적합성을 묻고 있다. 더 나아가 이것은 아무도 눈치채지 못하고 있는 가운데 자기전개를 계속하면서 새로운 인간, 새로운 사회를 만들어가고 있다.

이 '만들어 가고 있는 의지'에까지 접근하는 일이 궁극적으로는 무엇보다 중요한 문제지만 이것은 나중의 일로 미루어 두자.

그런데 과잉은 집중으로 이어진다. 세계의 자동차 회사들이 너댓 개 정도만 살아남을 것이라는 예상도 집중에 대한 문제를 말하고 있는 것이지만 무엇보다 돈으로의 집중이 큰 문제다. 이른바 과잉 유동성이다. 이 집중의 지금까지 가장 큰 흐름은 1990년대 말 세계를 휩쓴 머니 게임(Money Game)이었다.

1970년대 오일 머니(Oil Money)가 유럽 금융시장으로 흘러 들어가 유로 달러(Euro Dollar)가 되고 이것이 다시 1980년대 일본의 무역흑자, 이른바 재팬 머니(Japan Money)와 합쳐지면서, 이 미국과 무관한 달러는 하루 1조 달러의 국제증권, 환투기로 나타나기 시작했다. 1980년대 중반부터 국가간 무역 실물거래가 연간 5조 달러인 점을 감안해 보면 엄청난 집중이다. 이 집중은 1997년 그 정점에서 우리에게 IMF를 남기고, 헤지 펀드(Hedge Fund) 소로스의 말처럼 썰물처럼 빠져 나갔지만 썰물은 언젠가 밀물처럼 다시 밀려올 수 있다.

지난 10년 동안 일본을 짓누르고 있는 디플레이션도 직접적인 과잉의 산물이며 전통적인 공황에 가깝다는 점에서 심상치 않은 문제이다. 원론적으로는 한 나라에서 상위 소득자 1%에게 GNP의 30% 이상이 집중되면 디플레이션, 즉 경제 공황을 걱정하게 된다. 따라서 오늘날 세계 인구 60억 가운데 불과 230만 명이 세계 부의 60%를 차지하고 있는 부의 편재 현상은 언젠가 세상을 대공황으로 몰아갈 수 있다.

과잉-집중-버블-공황은 전통 자본주의가 여러 번 겪어낸 공식이지만, 국가라는 경제 틀안에서의 일시적 공급과잉이 아닌 절대과잉이 경제 국경이 없어진 새로운 환경에서 어떻게 전개되어 나갈지가 초미의 관심사다. 공황은 언제 어떻게 올 것인가? 혹시 이미 와 있는 것은 아닐까?

아무래도 총체적인 대혼돈 가운데 경제 부분이 변형된 형태의 공황인 것 같다. 국민 소득론의 대가인 어빙 휫셔가 1930년대 대공황이 시작된 지 몇 년이 지나서도 공황을 감지하지 못했다는 이야기는 유명하다. 그만큼 공황 자체가 경제학의 수수께끼다.

그러나 1929년 뉴욕증시 대폭락에서 시작해 2차 대전으로 이어지는 1930년대 대공황의 전개는 과거의 문제이기 때문에 과잉-집중-버블-공황의 순환 현상이나 그 정치적 결과의 과정이 분명해 보이지만 지금 전개되고 있는 대변화의 공황 부분을 이것과 단순비교하기는 어렵다.

가령 청년 실업 문제는 세계적으로 심각한 문제로서 가히 공황 수준에 이르고 있다. 물론 우리나라가 극심한 형편이지만 이것은 세계적인 추세다. 이 같은 청년 실업 사태는 훗날 새로운 형태의 공황이 갖는 특징 가운데 하나로 규정될 수도 있을 것이다. 복잡하다고 해서, 의식하지 못하고 있다고 해서 도도히 흐르는 암류의 존재가 사라지는 것은 아니다.

이 같은 현상은 혼돈이론의 프리고진의 말처럼, 질서정연한 천문학의 영역에서 요즈음 종잡을 수 없는 이변의 날씨처럼 변화무쌍한 기상학으로 옮겨간 것인지도 모른다.

오히려 복잡하고 의식하지 못하기 때문에 이 암류는 더욱 더 큰 파장을 그리며 기존의 틀 자체를 파국으로 몰아가는 동인이 되고 있다.

적의 부재는 부의 편재보다 더욱 심각한 문제이다. 부의 편재는 공황이라는 카타르시스를 통해 다시 균형을 회복할 수도 있지만 국가가 존

속하기 위해서는 어떤 형태로든 적의 존재가 반드시 전제되어야 하기 때문이다.(담론3 참조)

미·소 냉전을 끝으로 미국은 '급박하고 분명한 위협(Imminent & Clear Danger)'인 적을 상실해 고뇌에 빠져 있다. 적으로부터 나라를 지킨다는 명제가 성립하지 않으면, 다시 말해 적이 없으면 미국이라는 국가도 없다. 2차 대전을 끝내면서 미국의 에치슨은 적 만들기에 성공했지만(담론4 참조) 부시를 기다리는 것은 용두사미(龍頭蛇尾), 즉 안티 클라이막스(Anti Climax)였을 뿐이다.

적이 없어졌을 뿐만 아니라 전쟁은 불가능할 정도로 비싸지고 있다. 1981년 어느 학자가 '전쟁비용증가의 법칙'이라는 것을 내놨다. 전략폭격기 B1의 대당 가격이 20억 달러, 토마호크 한발이 5백만 달러 수준이었던 1994년, 패리 전 미 국방장관은 한반도에서 다시 전쟁이 발생하면 당시 일본 GNP에 육박하는 4조 달러의 비용이 들 것이라고 추산했다. 전쟁은 더 이상 정치의 연장이 아닌 것이다.

더구나 지난 1991년의 걸프전을 보면 미군이나 이라크 병사들은 조

요즈음 이라크 전후 문제의 전개를 보면, 전쟁이 불가능해져 가는 대세에 부시가 밀리면서 저항하고 있다. 테러나 아랍 민족주의 등도 조연에 불과하다.

금도 용감하지가 않다. 국민들의 전쟁 용의(用意)가 예전과 상당히 달라진 것이다. 참호속에서 두려움에 울부짖는 이라크 정예부대 소대장의 교신 내용이나 전쟁 공포 때문에 줄줄이 후방으로 실려가는 미군 하사관들의 모습이 『타임』과 『뉴스위크』의 커버스토리가 되는 일은 과거엔 상상할 수 없었던 일이다.

요즈음 이라크 전후 문제의 전개를 보면, 전쟁이 불가능해져 가는 대세에 부시가 밀리면서 저항하고 있다. 테러나 아랍민족주의 등도 조연에 불과하다.

과잉과 적의 부재라는 대변화의 물결은 무엇보다 근대국가를 몰아치고 있다. 근대국가의 특징은 영토국가, 경제국가, 군사국가다.

그러나 동구의 대분열이나 서구의 대통합(EC)에서 뿐만 아니라, 세계화에서 한 나라의 경제권이나 영토의 의미는 사라지고 있다. 게다가 적이 없어지고 있어서 근대국가의 존립 근거는 모두 사라져 버렸다.

요즘 누구나 말하는 세계화란 바로 이 근대국가의 와해에 다름 아니다. 세계화라는 현상 뒤에 숨은 의미는 이것이 예정하고 있는 혼돈과 재앙이다.

　근대국가의 와해는 근대 합리주의의 파탄을 의미하기 때문에 이것은 인류 역사의 분수령이 될 것이다. 자연과학에서 뉴턴의 고전역학이 양자역학으로 대체된 것처럼, 국가의 와해는 세계적으로 하나의 패러다임 시프트인지도 모른다. 동양철학과 현대물리학은 이 근대 합리주의 체제가 철저히 극복되면서 새로운 패러다임으로 이행해가는 중심축이 될 수도 있을 것이다. 부시는 지금 북한과 싸우는 것이 아니라 세상을 근본적으로 바꾸는 대변화와 맞서고 있는 것이다.

　근대국가와 세계 체제의 와해가 갖는 의미는 이를 대신하는 새로운 질서를 간취해내는 데 있다. 다시 말해 변화에 순응하는 것만이 살길이라는 뜻이다. 그러나 변화를 모르거나 인정하려 들지 않는다면 도리가 없는 일이다.

　한반도는 근대국가나 세계 체제가 대변화와 마지막 대회전(大會戰)을 벌이고 있는 곳으로서, 대변화, 즉 과잉과 적의 부재는 이미 우리의 현실적인 국면을 일차적으로 장악해가고 있다.

IMF가 한국 경제를 살렸다면 아무도 믿지 않겠지만 이 대변화는 낡은 패러다임의 모든 논리를 삼키고도 남는다.

이른바 미일역전(美日逆轉)이라는 일본 경제의 세계 지배는 1990년대 초반에 허망하게 무너지고 다시 미일재역전(美日再逆轉)으로 반전했다. 그러나 이것은 미국의 국가경제가 다시 강해진 것이 아니라 1989년 동경 증시 대폭락에 이어 1992년 북한 핵으로 야기된 위기가 국제 과잉 유동성을 월스트리트로 몰아갔기 때문이다. IMF때의 어느 광고처럼 '돈은 안전이 제일'이어서 달러로, 그리고 미국으로 이동한 것이다.

다시 말해 머니 게임이라는 대변화의 한 국면이 미국을 살린 것이다. 그러나 이런 단면만을 보고 '미국 헤게모니 시대'라고 한다던가 '미국 주도의 세계화'를 운운하는 것은 서글픈 일이다. 세계화란 미국은 물론 근대국가를 비롯한 그 세계 체제의 와해를 의미하기 때문이다.

이 같은 미일재역전에 비하면 사소한 규모지만 IMF가 한국의 조립 수출주도형 경제 체제의 숨통을 열어준 점은 미래를 위해 철저히 음미해야 보아야 할 대목이다.

1990년대 중반 '한국이 이른바 네 마리 용에서 추락했다'는 언론 보도가 이어졌다. 최근의 상황을 보건데 중국 경제권을 파고든 대만이나 홍콩과는 달리 IMF 이래 최악이라는 우리 경제의 모습은 이러한 추락이 기정 사실임을 보다 분명하게 드러내고 있다.

커밍스의 예측대로 일본이 동남아산 일본 제품을 대거 쏟아내기 시작하면서 우리나라는 일본으로부터의 산업순환(담론4)의 길이 막히게 되었다. 이 때문에 삼성이 자동차, 현대가 제철 식으로 중복 투자 판을 벌여 투자 경기로만 명맥을 유지하던 막다른 골목에서 갑자기 IMF가 나타나 환율이 두 배, 세 배 뛰어 일거에 수출경쟁력이 개선되었고 핫머니가 쇄도하여 바닥난 외환 보유고를 적정 수준으로 채워준 것이다.

환율인상, 수입원자재 가격상승이 인플레이션을 일으키지도 않았으며 기업주가 더러 쓰러지기는 했으나 대부분의 대기업은 건재한 것처럼 보인다.

한 마디로 IMF를 극복한 것이 아니라 위기 구조가 전화한 것이다.

1940년대의 아르헨티나, 1950년대의 인도, 1960년대의 브라질, 1970년대의 멕시코처럼 선진국의 문턱에서 좌초한 후진국 위기 패턴을 볼 때 기업의 부채가 정부와 가계의 빚으로 전화하고 이것이 다시 자산 디플레로 연결되는, 디플레 시스템이 준비되고 있는 것이다.

삼성의 이건희 회장은 우리 경제의 장래를 생각하면 등에 식은땀이 난다고 말한 바 있다. 그의 고민은 '장래'에 관한 것이다. 반도체와 석유화학, 휴대폰 등 많은 부분에서 전화에 성공했지만 일등만 살아남는 과잉시대 기업 환경이 두려운 것이다. 더 이상 일본이 장래가 아니기 때문에 삼성은 전략회의에서 '천재 찾기'를 선언했다. 아무리 '인재 제일주의'의 삼성이지만 천재가 나타나주기를 기대할 수밖에 없다는 현실은 삼성이, 그리고 우리 경제가 다시 벽에 부딪치고 있다는 것을 의미한다. 그런데 더 심각한 것은 삼성의 이런 고민이 우리 기업 일반에게는 '장래문제'가 아니라는 점이다.

기업이 돈을 가져가지 않아서, 은행이 부동산을 담보로 하는 공격적인 가계 대출을 벌이고 있고 이것이 다시 부동산 투기 랠리로 나타나 정부를 괴롭히고 있지만 정작 등에 식은땀이 나는 것은 그 다음 국면, 즉 부동산 가격이 폭락하면서 정부와 개인 그리고 기업이 파산에 내몰리는 자산 디플레가 임박해 있다는 사실이다.

대변화가 전화시킨 것은 경제만이 아니다. 북핵은 1990년 전후 한중(韓中), 한소(韓蘇) 수교에 대응한 북한의 카드였다. 그러나 미국에게 북한은 냉전 후 테러 조직 등 상정 가능한 '일곱 가지 잔챙이 적' 가운데 하나에 불과해 클린턴은 분쟁의 평화적 해결이라는 수순을 밟았다. 그렇지만 부시는 다르다.

김정일이 대포동에서 미사일을 발사하자 럼스펠드는 "God bless Kim!"이라고 했다. 한마디로 적으로 키우겠다는 것이다. 북의 핵이나 미사일을 빌미로 동북아 일원에 미사일방어망(MD)을 구축하여 이것으로 중국을 끌어내 미국이 그럴 듯한 적을 갖게 된다는 시나리오다.

『황화론』에서든 『문명충돌』에서든 적을 만들어내야 되기 때문에 북핵 문제가 분쟁의 평화적 해결 패턴에서 적의 부재에 대응한 적 만들기로 전화한 것이다. 이것은 앞으로도 부단히 우리를 괴롭히겠지만 언젠가는 안티 클라이막스(Anti Climax)가 되면서 대변화의 혼돈속으로 사라질 것이다. 그러나 적을 키우겠다는 것이 정책 목표이기 때문에 쉽사리 전쟁을 일으키지는 않을 것이다.

부시의 적 만들기는 이미 실패 단계로 들어간 것 같다. 부시가 재선에 실패한다면 그 보다 더 좋은 일은 없겠지만 설사 다시 대통령이 된다 하더라도 중국을 적으로 만드는 일은 여의치 않을 것이다. 중국이 2008년 북경올림픽까지는 되도록 분란을 피한다는 입장이어서 파워게임에 응할 가능성이 적기 때문이다. 아무래도 부시의 의도와는 관계없이 다음 국면으로 넘어가게 될 가능성이 크다.

다음 국면이란 냉전의 와해 이후 미국이 1992년 이래 북한 핵이라는 빗장을 걸어놨던 동북아의 대변화가 한꺼번에 일어나는, 1989년 베를린장벽 붕괴 이후 유럽에서 벌어진 일들의 아시아 판이 등장하는 국면이다.

아시아 판이지만 실제로는 세계적인 규모에서 냉전의 와해가 완성되는, 미국과 일본 그리고 중국의 국가주의가 근대국가의 와해라는 역사의 흐름과 정면으로 충돌하는 엄청난 혼란의 시기다. 그러나 평화라는 이름의 전혀 새로운 적에 대처할 능력이 이들에게는 없어 보인다.(담론3 참조)

특히 우리의 경우엔 앞으로 지가 폭락이 시작될 것이며 북핵 문제의 평화적 해결이 정치 파국의 화근이 되고, 나아가 북의 체제가 어떤 식으로든 붕괴과정으로 들어서면서 통일이 사변의 형태로 오는 국면이다.

적이 없는 세상의 혼란은 가늠하기가 어렵다. 유럽이 이런 변화를 겪고 있지만 지역적인 무풍지대여서 탈국가 과정이 순조롭게 진행되고 있는 것뿐이다. 1990년대 동구나 소련권의 대혼란도 지금 예비되고 있는 아시아 판의 그것에 비하면 별로 파국적인 것이 아니다.

북한 핵 문제가 해결되는 때야말로 세계적인 규모에서의 혼돈이 시작되는 시기다. 평화라는 이름의 적이 본격적으로 등장하는 것이다.

그런데 보다 깊이 들여다 보면 소련과 동구 그리고 유럽이 대분열과 대통합으로 탈국가 과정을 앞서나가 그만큼 세계의 혼돈을 줄이고 있지만, 복고적인 미국과 중국 그리고 일본이 도사리고 있는 동북아와 한반도가 끝내기 혼돈의 중심이 되는 것은 불가피한 일이다.

그리고 이런 맥락에서 부시의 적 만들기가 펼쳐지면서 이 땅에 새삼스레 분단 체제의 논리를 강요하고 있는 것이다.

백낙청 교수는 한반도의 분단 체제에 대해 '하나의 체제 아래 남과 북이라는 두 개의 국가'가 있다는 인식을 가지고 있다. 남과 북이 서로의 위협으로부터 나라를 지킨다는 데서 정통성을 구하는, 적대의존 체제가 분단 체제다. 남이건 북이건 서로 간에 상대가 적이 돼줘서 체제를 유지해 올 수 있었다는 뜻이다.

미·소 간의 냉전이 바로 이 적대의존의 연원이다. 미국과 소련이 서로 적대하는 것은, 이념이라는 껍데기를 벗겨내면, 실제로는 자기의 영향권을 확보하기 위한 것이었다. 미·소에 의한 세계 지배, 이른바 '팍스 루소아메리카나(Pax Russo-Americana)'의 참뜻이 바로 이것이다. 미·소가 다른 나라를 서로 나누어 지배하는 국제 정치에 따라 한 나라를 두 동강이 낸 전진기지가 만들어지고 백성을 둘로 나눠서 대결 구도

를 갖춰놓은 것이 우리의 분단 체제다.(담론4 참조)

어떤 국가든 국가라는 개념 자체는 반드시 적의 존재를 내포하고 있다. 적이 있어야 국가가 성립된다는 뜻이다.(담론3 참조)

그러나 우리의 적은 이런 병정놀이 게임이 아니다. 국가보다 상위의 냉전 체제를 따라야 하는 의무를 지고 있기 때문에 늘 냉전의 역학이 우리를 일차적으로 지배해온 것이다.

북쪽에서는 미군의 존재가 대를 이은 독재의 근거가 되고 남쪽에서는 월남전에 패배한 미국이 한국에서 군대를 철수하겠다고 통고하자 이것이 엄혹(嚴酷)을 극한 박정히 독재 10년 여로 나타나 1970~1980년대 우리 사회를 일차적으로 규정해 왔다.

후진국 일반의 독재는 자본주의 세계 체제가 규정한 열악한 경제 조건속에서 정통성 문제와 후계 문제를 두고 악순환을 거듭하는 것이다. 쿠데타로 정권을 잡으면, 정통성 없음을 호도하기 위해 정치적으로나 경제적으로 무리를 거듭하게 되고 이것는 후계자 문제에서 불거져 나와 또다른 쿠데타의 고리를 만드는 것이다. 그런데 이런 일반적 후진 정치 패

북한은 말할 것도 없고, 남한의 유신정우회니 금강산댐이니 북풍이니 하는 것도 모두가 분단 체제라는 역학의 실제다. 분단 체제는 또 정치 기제일 뿐만 아니라, 북한의 경제를 중·소에, 남한의 경제를 미·일에 묶어놓는 정치·경제의 틀이기도 해서 남한과 북한 사회의 기본적인 구성원리로 기능해 왔다.

턴과는 달리 남한과 북한은 언제나 상대방으로부터의 위협이라는 정통성을 축으로 서로 얽혀 하나씩 체제로서 강고하게 자리잡아온 것이다.

북한은 말할 것도 없고, 남한의 유신정우회니 금강산댐이니 북풍이니 하는 것도 모두가 분단 체제라는 역학의 실제다. 분단 체제는 또 정치 기제일 뿐만 아니라, 북한의 경제를 중·소에, 남한의 경제를 미·일에 묶어놓는 정치·경제의 틀이기도 해서 남한과 북한 사회의 기본적인 구성원리로 기능해 왔다.(담론4 참조)

우리는 지난 반세기 동안 이 양극의 자장(磁場)에 꼼짝없이 붙들려 우리의 분단 체제의 원리를 해명하지 못했다. 더구나 냉전의 와해로, 밖에서 강요한 역학 구도가 이미 수명을 다해 가고 있음에도 오히려 북한은 핵개발로, 남한은 보혁구도로 이를 연장시키기 위해 기를 쓰고 있는 현실이 오늘 우리의 참담한 모습이다.

북한은 여전히 김정일 권력이 분단 체제 시스템의 운영 주체지만 남한은 체제언론이 그 주체다. 이른바 '조중동'이 이 시스템을 주도하고 한겨레신문이나 참여연대 등이 이들 반대편에 서 있는 형국이지만, 이것은 달이 지구를 따라 회전하듯 한겨레 등의 존재가 오히려 구도의 안정성을 담보하고 있어 또 다른 적대의존의 논리를 보여주고 있을 뿐이다.

다시 말해 우리는 분단 체제이자 하나의 체제인 남과 북을 동시에 부정하는 입장에 서지 못하고, 적대의존의 역학 구도를 견지하여 역사 발전을 저해하고 있는 것이다.

일제하 식민지 간접 통치기구로 출발한 동아, 조선 등은 태생적으로 권력이다. 3·1운동으로 일제가 문화통치라는 영국식 식민지 간접통치 방식을 빌려와서 토착지주 계급을 통치에 참여시킨 것이다. 그리하여 해방 이후 동아-한민당 세력이 미 군정에 의해 임정(臨政)을 제치고 유일한 토착세력으로 인정받게 된 것은 우리 현대사에 소상히 드러나있는 역사적인 사실이다. 이들은 백범에 대항해서 이승만을 영입, 권력의 왼편에 서고 나아가 박정희 유신 정권의 홍보 기능을 맡게 된다.

6·29선언 이후 군과 재벌, 그리고 외세의 결합이 보수대연합으로 바뀌게 되자 이들은 3결합이라는 실체가 빠져나간 빈자리를 부단한 상징조작으로 메우는 역할을 함으로써 권력의 전면에 나서게 된 것이다.

다음은 1988년 이른바 5공 청산 무렵 필자가 해직 기자의 원상회복을 요구하는 집회에서 발표한 내용의 일부이다.

앞에서 이야기했듯이 유신은 사회의 모든 역량, 기능, 권위를 닥치는 대로 총동원해서 '정통성 없음'에 대체했습니다. 이 과정에서 유신언론, 제도언론이라는 유신의 홍보 기구가 담당한 주요 역할은 국민들에게 권력의 정통성을 인정케 하기 위해 언론이라는 사회 기능의 한계를 넘는 상징조작을 터무니없이 강화해 나간 것입니다. 있는 것을 없는 것으로, 없는 것을 있는 것으로. 쉽게 이야기하면 언론이기를 포기하고 신문이 정치를 하기 시작했다는 것입니다. 이 같은 경향의 심화는 마침내 언론을 우리 사회에 눈에 보이지 않는 '초정당구조'로 만들어냈습니다. 예컨대 언론이란 객관적 보도나 논평을 통해 사회에 문제를 제기하는 것임에도 불구하고 이 초정당구조에서는 모든 문제를 권력의-그들 자신도 포함됩니다만- 필요에 맞게 처리, 수습해나가는 것입니다. 따라서 이제는 움직일 수 없는 '언론권력'이 또 하나의 실세로 자리잡는 결과를 빚고 있습니다.

요즘 보수대연합 구상이라는 망령(나중에 노태우, 김영삼, 김종필의 민자

당)이 나돌고 있습니다. 분명히 실체는 있으나 누구도 아직은 그것을 꼬집어내지 못합니다. 여당이 하나 혹은 둘의, 경우에 따라서는 셋 모두의 야당과 연정을 하거나 케이스 바이 케이스로 제휴하는 것이라고도 하고 또 아니라고 하기도 합니다. 분명한 것은 이 보수대연합이 이른바 정치권이라는 좁은 틀에서 규정되는 것이 아니라 오늘 우리 사회, 박정희-전두환으로 이어지는 개발독재 30년이 결과한 이 사회의 사회, 경제적 조건 아래서, 다시 국제적 규정성과 밀접하게 연계되면서 나타나고 있다는 점입니다.

그러나 이 문제는 주제의 범위를 넘기 때문에 상론을 피하겠습니다만, 중요한 것은 지금 이 땅의 제도언론이 언론권력으로서, 권력의 실체 가운데 하나로서 이른바 보수대연합이라는 새로운 반민중적 정치 구조를 일차적으로 규정하는 역할을 떠맡게 될 것이라는 점입니다.

－한국기자협회刊 『저널리즘』 1988년 겨울호

노무현 체제가, JP를 끌어들인 DJ와는 달리 이 보수대연합(언론을 포함한)을 어떤 형태로든 승계하기를 거부하자 체제언론은 무너져가는 분단 역학을 보완하는 보혁구도를 만들어 싸움을 계속하자고 외치고 있다. 노무현 체제가 만일 이를 간파하고, 또 보수·진보가 노론·소론에 불과하게 되어버린 패러다임 시프트를 이해하여 보혁구도마저 거부한다면 여의도 정치는 대혼란에 빠져들면서 새로운 질서를 앞당길 수도 있을 것이다. 그러나 이것은 북이 핵 개발을 자발적으로 포기하는 것과 같은 위상이어서 쉽게 기대할 수 있는 일이 아니다. 체제 안에서 체제를 부정할 수는 없는 노릇이다.

지금 우리는 남과 북에서의 이런 저런 소종래(所從來)로 주체적으로 문제를 해결하는 대신 하나의 체제가 붕괴하는 과정을 지켜보고 있는 것이다.

그러나 이것은 강 건너 불이 아니어서 여기에 따른 혼돈 비용을 우리 백성들이 지불하지 않을 수가 없다. 현실의 정치인이나 언론인 그 누가 주도하고 의식하지 않아도 자기전개를 계속하고 있는 분단 역학의 문제를 어찌 할 것인가.

실제로는 이미 무너지고 있으나, 관념에서는 살아 체제언론이 끊임

없이 재생산하고 있는 정치·경제·문화의 허위의식에서, 보혁구도가 연출하고 있는 분단 역학에서 벗어날 길은 없는가?

어떻게 될 것인가를 치열하게 궁구하는 길만이 있을 뿐이다. 다시 말해 종내는 분단 체제를 와해시키고 말 패러다임 시프트가 어디까지 왔는가를 규명해내고 아울러 혼돈 비용을 최소화하는 방법을 찾아내야 할 것이다.

문제는 '다음 국면'이다. 커밍스는 1984년에 "앞으로 미국과 일본이 소련과 중국을 자본주의 시장으로 조직하는 경쟁을 벌이게 되면 한국 경제는 마치 고속도로가 새로 뚫려서 구도로에 면한 도시가 몰락하는 형국이 될 것"이라고 그 나름의 견해를 피력한 바 있다.(담론4) 그의 예측은 과거의 연장선상이라는 측면에서는 정확한 것이었지만, 그러나 그는 패러다임이 달라지고 있는 것을 간과했던 것이다.

다음 국면, 즉 적을 잃은 미국이 방황을 거듭하고 새로운 형태의 세계 자본시장이 변형된 형태의 대공황을 되풀이하는 가운데 북한 체제가 무너지고 남한의 정치·경제가 표류하게 되는, 남과 북에서 분단 체제라

결론부터 말한다면 남이든 북이든 체제가 현상을 유지한다는 전제 하에서의 대비는 없다. 단지 우리 백성이 겪어내야 할 뿐이다. 그러나 이들 사변이 새로운 패러다임의 세계로 이행해가는 본격적인 시작이라는 인식이 무엇보다 중요하다.

는 하나의 정치 · 경제 틀이 깨져나가는, 한반도의 통일이 사변의 형태로 오는 대혼돈. 이런 '다음 국면'을 대비하는 길은 없는가?

결론부터 말한다면 남이든 북이든 체제가 현상을 유지한다는 전제 하에서의 대비는 없다. 단지 우리 백성이 겪어내야 할 뿐이다. 그러나 이들 사변이 새로운 패러다임의 세계로 이행해가는 본격적인 시작이라는 인식이 무엇보다 중요하다. 이것이 언제 어떻게, 그리고 얼마나 심각한 정도로 올 것인가 하는 등의 문제는 모두 그 다음의 일이다.

최근 미국 국방성에서 나왔다는 「펜타곤 리포트」는 "앞으로 20년 내에 급격한 기후 변화로 식량, 물, 에너지 등의 자원 확보가 어려워지면서 지구가 지탱할 수 있는 수준으로 인구가 줄어들 때까지 전쟁과 기아가 수많은 목숨을 앗아갈 것"이라고 했다. "천 할아버지에 한 손자만 남는다"는 후천개벽을 방불케 하는 내용이다.

그런데 이러한 현실 인식이나 여기에 내재된 정책 의도는 새로운 패러다임의 입장에서 보면 반동적이다. 한마디로 "특히 중국의 엄청난 인구와 식량 에너지 수요는 대재앙이 될 것"이라는 데서 분명히 보이듯 이것은 새로운 버전의 황화론이고, 테러보다 훨씬 제어하기 힘들 것이 분명한 이 문제가 앞으로 그럴 듯한 적이 될 것이라는 설정이다.

그러나 문제의 본질을 외면하고 국가주의적 입장에서 한치도 움직이지 않으려는 태도가 무섭다. "지구가 지탱할 수 있는 수준으로 인구가 줄어들 때까지"라는 말은 마치 "핵전쟁을 생각할 수 없는 것을 생각해 보자(think about unthinkable)"던 지난 시대 핵 전략론과 다르지 않다.

아무튼 다음 국면, 아마도 북경올림픽이 끝나면서 중국의 급격한 경제 성장이 정치·경제적으로 나라 안팎에서 제동이 걸리게 되는 2008년에서부터 20년까지가 문제다.

그러나 분명한 것은 펜타곤의 희망과는 달리 전쟁이 일어나지는 않을 것이라는 점이다. 요즘도 간혹, 본질적으로는 기아의 문제인 후진국 사태에 미국이 군사 개입을 일삼고 있지만 국가의 와해가 동반될 터이기 때문에 앞으로 국가는 전쟁 능력이 없다.

전체적으로는 향후 20년, 지금 우리가 보는 환경 재앙과 새로운 형태의 공황이 동반되면서 각기 심화되겠지만 문제는 앞서 본 것처럼 우리의 땅이 이러한 진앙의 중심부라는 데 있다.

남북문제니 동서문제니 하는 등의 자본주의 세계 체제의 모순이 응축된 곳이어서 이런 체제의 붕괴가 우리에게는 재앙일 수밖에 없다. 단지 이러한 재앙을 완화시키는 노력만이 가능할 뿐이다.

그러나 미래란 결정되어 있는 것이 아니다. 우리에게는 원시반종(元始反終), 즉 대혼돈의 처음과 끝을 알고 그 안에 들어가는 새로운 패러다임 접근 방법으로 미래에 관여할 수 있는 길이 있다.

국제 환 투기꾼 소로스는 그의 펀드 이름을 퀀텀(Quantum)이라고 했다. 관찰자의 행동이 소립자에 영향을 주는 양자역학에서처럼 주가나 환율을 수요와 공급이 결정하는 것이 아니라 저들이 결정해 가겠다는 것이다.(담론4 참조)

그러나 국가라는 경제 틀이 깨져서 불가측(不可測)의 혼돈장으로 빨려들어간 것은 경제만이 아니다. 소로스의 펀드명은 혼돈의 미래 자체를 우리가 결정해 갈 수 있다는 의미도 된다.

담론 2
사랑의 패러다임

엘빈 토플러는 인류가 농업혁명 이래 최대의 변화에 직면하고 있다고 한다. 그러나 그의 저서 어디를 봐도 왜 그런가에 대한 답은 없다.

"동구나 소련의 붕괴는 앞으로 벌어질 대변화에 비하면 서곡에 불과하다"라든가 "미래가 현재에 미리 와 있어서 벌어지는 혼돈" 등으로 묘사하면서 IT산업이나 생명공학들이 기존 시스템을 흔들어 놓는데서 빚어지는 현상들을 나열하는 데만 급급하고 있다. 변화의 본질을 모르고 있기 때문이다.

농업혁명은 단순하게 사람들이 정착해서 농사를 짓게 된 것에서 연유한 것이 아니다. 쌀이 역사 기록으로 처음 나타나는 것은 주(周)나라 때다. 주공이 『서경(書經)』의 「가화편(嘉禾編)」이라는 글에 쌀이 나타난 것을 축복하는 글을 썼다고 한다. 지금은 실전되고 없지만 주공이 남긴 메시지는 우리가 서양의 밀의 경우를 미루어 짐작할 수 있다.

마지막 빙하기가 끝난 3천여 년 전 구약(舊約)의 여리고(Jericho) 대평원에서 어느 날 갑자기 에머 종이라는 야생 밀이 목초와 돌연변이를 일으켜 오늘의 빵 밀이 태어났다. 갑자기 벌판을 뒤덮은 밀이 사람을 붙잡아 앉힌 것이다. 빵 밀이나 쌀이 사람을 정착시켰고 종내는 문화적 인류가 탄생한 것이 농업혁명이다.

농업혁명은 자연이 관여한 인간의 혁명이다. 새로운 신기원(Epoch Making), 즉 자연과 인간이 합작하는 대변화가 분명히 다시 시작되고 있지만 이번의 신기원은 농업혁명처럼 그렇게 하늘의 축복만은 아닌 것 같다.

오늘날 인류는 유사 이전, 이후를 통틀어서 처음으로 적이 없는 세상을 맞고 있다. 적의 부재가 어떻게 이쪽의 정체성 위기로 나타나고 있는가는 할리우드 영화에서 분명하게 볼 수 있다.

나치나 소련 혹은 베트콩이 적의 단골이었을 때는 전혀 문제가 없었지만 할리우드는 1970년대 후반부터는 고뇌에 빠진다. 그래도 석유파동의 아랍인이나 세계의 돈을 마구잡이로 긁어가는 일본인이 궁색한 대로 국가의 적을 대신했지만 1980년대 이후는 그나마 사라져서 에일리언이나 테러집단을 되풀이 동원하고 있다. 미국헌법은 '긴박하고 분명한 위협(Imminent & Clear Danger)'이라고 규정하고 있지만 세상 어디에도 그럴 듯한 적이 없는 것이 지난 10여 년 미국의 커다란 고민거리다.

영화가 아무리 미국 사회의 정체성 위기를 들어내 보이고, 있지도 않은 적을 상대로 미사일방어망(MD)을 구축하겠다고 부시가 동분서주해도 마찬가지이다. 심지어 북한까지도 적 노릇을 거부하고 있다.

영화 가운데는 더러 공해나 환경파괴를 새로운 적으로 설정한 것들도 적지 않다. 이들의 상상력 그대로 사회통합을 가능케 할 새로운 인류의 적은 공해나 환경파괴임이 분명하다. 그리고 과거의 적이 증오의 대상이었던데 반해 이 새로운 적은 사랑해야만 극복할 수 있다. 그래서 인류의 심성 자체를 변화시켜 또 다른 인류사의 신기원이 될 것까지도 상상하기 어렵지 않다. 새로운 패러다임은 바로 사랑의 패러다임인 것이다.

그러나 현실은 늘 영화보다 리얼하고 냉혹하다. 인류가 파괴된 환경이라는 적과의 동침에 이르기까지는 엄청난 정신적, 물질적 대혼돈의 터널을 통과해야할 것이다. 그리고 이미 우리는 이 터널 속으로 진입했다.

인간의 의지와
무관하게 전개되는
이 피스 게임의
시대는 바로
환경파괴가 적이
되면서 사회통합을
일궈내고 증오가 아닌
사랑이 사회 구성의
원리가 되는
새로운 패러다임의
세상이다.

문제는 이 터널이다.

더구나 이 터널은 상징적이지만 한반도의 어딘가 아공간(亞空間)에 자리잡고 있음이 분명해서 우리가 이 터널의 모든 것을 올바로 규명해내는 일보다 중요한 일은 없다. 이 터널 안에서 자본주의 세계 체제가 북한 체제와 더불어 종말을 고하게 될 것이지만 심지어 후천개벽이 이루어진다 해도 놀랄 일이 아니다. 자연이 스스로 짜깁기(Self Organization)해가는 것을 어찌할 것인가.

세계는 이미 오랜 '워 게임(War Game)'의 시대를 '머니 게임(Money Game)'이라는 과정을 거쳐서 끝내고 '피스 게임(Peace Game)'의 시대로 넘어가고 있다. 인간의 의지와 무관하게 전개되는 이 피스 게임의 시대는 바로 환경파괴가 적이 되면서 사회통합을 일궈내고 증오가 아닌 사랑이 사회 구성의 원리가 되는 새로운 패러다임의 세상이다.

대변화가 모두 앞에서 말한 과잉의 자기전개이지만 우리는 그 가운데 무엇보다 근대국가의 와해를 주목하지 않으면 안 된다. 세계화라는 어처구니없는 슬로건이 현실을 호도하고 있지만 이 국가 와해가 주는 충격은 앞으로 엄청날 것이다.

근대국가의 와해라는 현실을 보고 있는 사람은 많지 않다. 작고한 서울대의 이용희 교수가 1980년대 후반부터 담론을 시작했고, 요즘은 일본의 오마에 겐이치가 비슷한 주장을 하고는 있지만 피상적으로 느껴질 뿐이다. 정작 서양의 근대 합리주의자들은 틀속의 현상들을 주워 모으는 데만 급급한 귀납론자들이어서 이들에게 대변화는 증후군이라는 병일 뿐이다. 포스트 모더니즘, 아나키즘, 페미니즘, 에코이즘, 반전운동 같은 것이 모두 정상에서 벗어난 신드롬이라는 것이다.

그런데 우리가 근대국가와 더불어 세계 체제가 무너지고 있다는 데서 인식을 멈춘다면 우리는 새로운 이행의 터널 입구조차 발견할 수 없게 된다. 문제는 근대국가의 와해가 바로 근대 합리주의의 파탄을 의미한다는 사실이다. 근대국가란 말을 달리하면 근대 합리주의 체제이기 때문이다.

뉴턴의 고전물리학이나 정신과 육체를 둘로 나누는 데카르트의 이원론에 근거한 근대 합리주의는 지난 300년 근대국가로 물화되었다. 말을 바꾸면 근대 합리주의의 최고의 형태가 근대국가이다. 자연과학이든 사회과학이든 아니면 인문과학이든 이른바 모든 학문이 국가에 봉사해온 것이다. 세상을 이리저리 설명해내서 이것을 제도로 엮어내고, 나머지 설명이 안 되는 부분은 종교 쪽으로 미뤄 국가와 종교가 세상을 나누어 지배해온 것인데 이런 체제, 즉 가능한 한 합리적으로 세상을 해석해서 꾸민 틀이 지금 무너지고 있는 것이다.

그런데 꾸민 틀이 붕괴되는 것은 현실에서 세상이 와해되는 것과 다름없는 일이다. 한편에선 기존의 정치, 경제, 사회 시스템이 깨지면서 갖가지 재앙이 중첩되고 다른 한편에선 예컨대 40세 된 남자의 정충이 20대 보다 많아지는 역전이 시작되고 20~30대 여성들이 폐경을 겪고 있는 대혼돈, 그럼에도 불구하고 누구도 이런 변화의 전체상을 보지 못하고 있어서 혼란이 가중되는 오늘의 사태가 바로 세상이 무너지는 현상이 아니고 무엇이겠는가.

하늘은 사람을 낳아 만물로써 길렀거늘,

사람은 하늘에 하나도 보답하는 바가 없구나.

죽어라! 죽어라! 죽어라! 죽어라! 죽어라! 죽어라! 죽어라!

天生萬物以養人 人無一德以報天 殺! 殺! 殺! 殺! 殺! 殺! 殺!

중국 사천공원에 있는 유명한 칠살비(七殺碑)이다.

이 시를 지어 비로 남긴 장헌충이야말로 전투환경운동의 원조이다. 요즘 보면 가이아(생명으로서의 지구)의 보복은 이미 세계화를 완성한 것 같다.

전 세계 사망인구의 40%가 환경오염 또는 환경과 관련된 질병으로 죽었다. 최근 엘니뇨 등 이상기후는 이 같은 수치를 더욱 높일 것이다. 미 코넬대학 연구팀은 2001년 10월 30일 『바이오 사이언스』지 10월호에 '일상생활이 우리를 죽이고 있다'는 충격적인 연구 결과를 내놓았다. 세계보건기구(WHO)와 미국 질병통제센터(USCDC) 등에서 조사된 다양한 자료를 분석한 결과다. 연구팀의 데이비드 파이멘탈 교수(생태학)는 "사람이 넘치는 도시 생태계에서는 잊혀졌던 질병이 다시 만연하게 될 것이며 특히 기상변화로 야기되는 기온 상승은 듣지도 보지도 못한 새로운 질병을 발생시키고 있다"고 경고했다. 연구보고서는 또 매년 공기오염물질이 40억~50억 명의 건강에 악영향을 끼치고 있으며 이는 인구 증가율보다 3배나 빠른 자동차 증가 때문이라고 지적했다.

또한 달팽이 등 흡충류에 딸린 기생충 등으로 인한 질병 때문에 매년 1백만 명이 사망하고 있으며 환경과 위생에 무관심한 인간이 이들 기생충에 보다 좋은 서식지를 제공하고 있다고 밝혔다. 앞으로 매년 수백만 명이 '환경재해자'가 될 것이며 필사적으로 먹을거리를 찾아나서는 사람들이 발생할 것이라는 전망이다.

  − 1992년 『조선일보』

환경의 위협은 이제 일상화되어 우리가 매일 보고 느끼는 일이지만 전 세계 사망인구의 40%가 환경오염이나 이와 관련된 질병으로 사망하고 있다는 보도는 가히 충격적이다. 더구나 이 보고서의 제목대로 '일상 생활이 우리를 죽이고 있다'는 것은 환경파괴가 전 지구적인 규모에서 죽임의 시스템을 완성해가고 있다는 의미를 포괄한다.

환경이야말로 급박하고 분명한 위협(Immanent & Clear Danger)으로서의 적으로 등장한 것이다.

다시 말해 환경(環境, Environment)을 단어의 의미대로 '둘러싸고 있는 주변'으로 인식하는 대신 삶의 중심에 놓지 않으면 안 되게 된 것이다. 그럼에도 불구하고 근대 합리주의는 절대로 이 환경을 중심에 놓을 수가 없다. 증오의 시스템인 근대국가는 사랑으로써만 극복할 수 있는 이 환경을 주적으로 삼을 수가 없기 때문이다.

앞에서 우리는 미 국방성 보고서가 기후 온난화라는 인류의 재앙을 운위하면서 이것을 막자는 것이 아니라 오히려 여기서 그럴 듯한 적을 찾을 수 있다는, 실로 어처구니없는 논리를 펴고 있는 것을 보았다.

이것이 바로 근대국가가 임박한 재앙을 해결할 수 없는 시스템이며, 따라서 이 시스템은 인류 앞에 가로놓인 새로운 도전에 실제로 무력하여 결국 무너질 수밖에 없을 것이다.

근대 합리주의 체제는 요즘 기세를 올리고 있는 에코이즘이나 아나키즘 혹은 포스트 모더니즘이나 페미니즘도 단순히 증후군이라는 병으로 간주한다. 또 석달 동안 비가 오지 않으면 100년 만에 처음이라는 식으로 환경 재앙 또한 단순한 예외로 간주하면서 마치 쓰레기라도 버리듯 체제 밖으로 밀어내면서 자기를 합리화하게 된다.

근대 합리주의가 어떻게 버티든 그 귀결은 분명해 보이지만, 중요한 점은 포스트 모더니즘은 물론 아나키즘이나 페미니즘 그리고 에코이즘도 그 자체가 근대 합리주의에서 벗어나지 못한다면 자신의 주의를 관철해내기는 커녕 체제속으로 매몰되어 버리고 말 것이라는 데 있다. 근본주의적인 생태주의 역시 장헌충처럼 하늘과 나를 가르는 이원론적인 입장에 서 있다면 마찬가지이다.

근대 합리주의라는 옷을 벗어 던지는 일, 자연과 내가 하나라는 일원론으로의 귀의는 결코 쉽지 않은 일이다. 깨달음이라는 것이 일원론적인 세계관의 완성이라는 점에서 일원론은 어렵다. 그러나 세상이 일원론을 강요하고 있으며 여기에 다가서기 전에는 한 발짝도 전진할 수 없는 게 오늘의 현실이다. 우리가 근대 합리주의적 자아를 해체하지 않고서는 미망에서 벗어날 길이 없는 것이다.

흔히 서양의 젊은이들이 근대 합리주의로부터 도망하여 동양으로 오는 것을 볼 수 있다. 이들은 불교 쪽에서 정신적인 갈증을 해소하지만 전통적인 동양의 체제 역시 권력이 유교와 제휴한 이래 벌써 이원론적인 세상으로 변해버렸음은 서양과 마찬가지이다.

『주역』을 보면, 한나라 말 삼국시대에 진나라 사람 초연수(焦延壽)의 「초씨역림(焦氏易林)」은 상수역(常數易)의 완성으로, 우주의 운동법칙속에 자연과 인간을 하나로 엮어놓고 있다. 그러나 유교가 권력에 동원되면서 체제에 봉사하는 의리역(義理易)이 득세하고 상수역은 하찮은 점술로 전락했다. 그러나 이 상수역이 규정하는 우주의 운동법칙에 대해서는 앞으로 깊은 연구가 있어야 할 것이다. 다시 말해 유교 세상 이전의 동양철학에서 시작해야 할 것이다.

인도의 요기 가운데 사카르(Prabhat Ranjan Sarkar)는 인류의 역사를 4단계의 순환으로 설명하고 있다. 처음에 무인이 권력을 잡으면 다음에는 승려를 포함한 지식인이 뒤를 잇고 다시 재물의 시대가 되면서 부패하여 노동계급의 폭력이 혼란을 몰아오게 되며 그러면 다시 무인이 등장한다는 것이다. 세계사 전체를 비롯하여 과거나 현재 그 어느 나라든 이런 법칙의 순환에 놓여 있음을 깨달은 그는 이 간단한 원리를 가지고 앞일을 예언한 것이다.

사카르의 이론은 근대 합리주의자들처럼 세계사나 개별 국가의 역사를 취사 선택하여 경험적으로 얻어낸 법칙이 아니다. 인류의 역사가 4가지 인성의 순환에 불과하다는 사카르의 인식은 인간을 자연과 하나로 보는 일원론이다. 집단으로서의 인간이 외부 자극에 반응하는 것이 생물 일반이나 자연 현상과 다름이 없다는 이런 일원론에는 이성이라던가 합리성 같은 인위적인 것이 없다.

어떤 종류의 침팬지는 DNA가 인간과 99.5% 같다고 한다. 역으로 말하면 나머지 0.5%가 사람이라는 뜻인데, 우리가 흔히 마음이라는 부르는 것이 이 0.5% 안에 있는 것 같다. 여기서 중요한 것은 99.5는 실제로는 100이여서 0.5는 없는 것과 같다는 것이다.

다시 말해 인간의 마음은 인간 안에 없다는 것이다. 진정한 자아가 다른 형식으로 존재하는 것이 아니라면 어떻게 수천 년 동안 갖은 방법을 다해 아무리 벗겨도 마음이 나타나지 않는 것일까?

명상을 통해 다른 차원에 있는 이 진아(眞我)와 만나려는 치열한 노력을 하는 것이 수행의 길이다. 인간의 마음이 인간에게 없다는 말은 매우 중요한 화두이다. 이 화두를 집요하게 그러안고 근대 합리주의적 자아를 철저히 해체해 내고자 하는 노력이 오늘의 우리에게 무엇보다 중요한 일일 것이다.

흔히 근대 합리주의는 과학을 정의하여 자연이나 사회로부터의 인간 해방이라고 가르쳐 왔다. 그러나 지금 앞서 말한 '만들어 가는 의지'는 분명히 이 같은 이원론을 거부하고 있다.

사카르는 인류가 이제 오랜 4단계 순환의 되풀이를 끝내고 터널을 지나 새로운 차원으로 나아가고 있다고 말하고 있다. 사카르는 자신의 내면으로만 깊이 침잠하는 여느 요기들과는 달리 사회 문제에 깊은 관심을 보였다. 타인에 대한 관심은 사랑이든 자비든 나와 우주를 하나로 이어주는 끈이며 깨달음으로 가는 길이기 때문일 것이다.

'인간의 성화(聖化)'를 말한 데야르 드 샤르댕 신부가 내다본 것처럼, 궁극적으로 존재로부터의 해방을 염원하는 이 같은 구도의 길도, 사랑의 패러다임, 자연이 스스로 짜깁기(Self Organization)하고 있는 것과 일치하려는 노력일 것이다.

앞에서 새로운 세상으로 끌고 가는 터널이 한반도 어름에 있다고 한 것은, 지난 300년 간의 근대 합리주의 체제가 자기전개를 거듭하여 그 모순을 이 한반도에서 가장 첨예하게 드러내고 있기 때문이다.

한반도의 남과 북은 서로 상대방의 위협이 자기 정체성의 근거가 되는 적대의존이라는 역학 체제로서 이것은 현재 와해 중이다. 그리고 앞으로 한반도의 통일은 사변의 형태로 올 것이지만 이것은 또 근대 합리주의 체제 붕괴를 정면에서 제기하는 엄청난 혼돈으로 우리 앞에 나타날 것이다. 그리고 이런 한반도 모순의 역동성이 종내는 새로운 패러다임을 이 땅에서부터 드러내 보이게 될 것이다. 바로 이것이 앞에서 제기한 터널의 문제이다.

대혼돈이 종내는 스스로 짜깁기하면서 자연과 인간이 하나인 세상을 만들어가는 것이라면 인간이 여기에 일치해 나가는 길외에 다른 길은 없다. 종교에서 말하는 신에 대한 복종과도 같은 것이다. 이러한 일치성, 즉 적극적인 일치가 터널로 들어선 우리가 취해야 할 일이다. 이러한 자세로 우리는 '다음 국면'을 맞이해야 하는 것이다.

한강연대에 대하여

사업이라면 비즈니스지만 원래 사업이라는 말은 공자가 『주역』의 「계사전(繫辭傳)」에 처음으로 사용한 말이다. 공자의 사업은 돈을 버는 것이 아니라 우(禹)임금의 치수사업처럼 성인이 하늘의 뜻을 돕는 것이었다.

지금 중요한 것은 우리가 이런 사업을 찾아 해나가는 일이다. 사랑의 패러다임이 만들어갈 세상을 거들어서 혼란을 줄여가는 일만이 우리에게 부여된 사업이다.

여기에서 우리는 몇 가지 사업을 제기할 수가 있을 것 같다. 하늘에서 비가 내리면 물은 산줄기 분수령을 따라 남한강, 북한강으로 모여 바다로 나선다. 물은 자연에서의 대순환과 우리 인체에서의 소순환으로 생명의 고리를 이어간다. 우리가 경기도니 경상도니 하는 구분을 버리고 한강이나 낙동강 중심의 순환 틀을 만들 수 있다면 한강 동네의 나무 하나 풀 한 포기가 한강 사람과 생명으로 이어질 수 있을 것이다. 이런 틀 속으로 모여서 우리가 할 일을 찾아 나간다면 그것이 바로 사업이다.

이것은 단순히 그럴 듯한 생태주의 컨셉을 하나 만들자는 것이 아니다. 할 일을 찾는 가운데 사카르처럼 터널의 의미와 내용을 깨달으면서 치열하게 대혼돈과 대결하자는 것이다. 바로 이 점이 요즘 생태주의나 환경운동 또는 생명운동을 일종의 문화운동으로 간주하는 이원론적 사고방식과 근본적으로 다른 길이다.

진보든 참여든 나와 남을 가르는 일은 혼돈의 요소일 뿐이다. 오로지 새로운 패러다임에 순응함으로써 스스로를 변화시키고 나아가 새로운 앎을 통해 존재로부터의 해방을 향해 나가는 길만이 앞으로의 삶의 길이다.

두 번째 예는 영성적인 것이다. 요즘 대형 종합병원에서는 수많은 암 환자들이 의사로부터 사형 선고를 받고 쫓겨나는 것을 볼 수 있다. 인간으로서의 존엄성을 지닌 채 죽음에 임할 수는 없는 걸까? 대체의학센터를 만들어서 삶에의 의지가 하늘을 찌를 이들을 모아 삶과 죽음의 의미를 천착해 간다면 당사자들뿐만 아니라 다른 사람에게까지도 정신적 축복이 될 것이다.

또 다른 예는 근대 합리주의의 지반을 버린 제품의 개발이다. 일본의 어느 비즈니스 컨설턴트는 '혼 모노(本物)'라는 명제를 가지고 있는데, 요컨대 좋은 점만 있고 나쁜 점은 전혀 없는 제품이라는 것이다. 현대문명이 만든 모든 제품들이 사람을 좀먹는 부작용을 가지고 있지만, 그는 앞서 말한 제품으로 농토를 획기적으로 고치는 유효미생물군(EM, Effective Microorganism)을 들었다.

진보든 참여든
나와 남을 가르는
일은 혼돈의 요소일
뿐이다. 오로지
새로운 패러다임에
순응함으로써
스스로를 변화시키고
나아가 새로운 앎을
통해 존재로부터의
해방을 향해 나가는
길만이 앞으로의
삶의 길이다.

혼 모노의 명제를 가지고 우리는 쌀에서 아주 큰 사업을 해나갈 수 있다. 백미는 순전히 보관의 편의성 때문에 현미의 껍질과 씨눈을 사정없이 깎아버린 합리주의 그 자체이다. 이와 달리 일본과 한국에서 등장하고 있는 배아미(胚芽米)는 씨눈이 살아있는 채로 정미하는 새로운 백미, 말하자면 탈근대 합리주의적인 제품일 수 있다. 특히 살아있는 씨눈이 물과 만나면 생명 활동을 시작하기 때문에 더욱 그렇다.

최근 KBS가 「쌀 문제, 해법은 있는가」라는 프로그램을 방영하면서 많은 전문가들을 동원해 해법을 제시했지만 속 시원한 답을 내놓지 못했다.

그러나 해법은 이미 나와 있는지도 모른다. 농과대학을 생명산업대학이라고 부르기 시작했고 농림부는 식품이라는 말을 부처의 이름에 넣는 것을 심각하게 고려하고 있다. 이렇게 생명과 식품을 '다시 봄'이라는 사회적 자각에서 해답을 찾을 수 있다.

생명사상이라는 말이나 "물은 생명이다"라는 슬로건은 누구든 그 의미를 알고 있다. 단지 사상이나 슬로건에 그칠 뿐 실제가 없어서 공감대가 형성되지 못하고 있을 뿐이다. 이 공감대를 쌀로 만들어 나가는 사업이 바로 쌀 문제를 해결하는 큰 길이다. 쌀 문제를 해결하는 것이 아니라 쌀을 매개로 생명의 공감대를 만들어 나가면서 오늘 우리가 안고 있는 사회적, 개인적 실존의 문제를 헤쳐 나가자는 것이다.

앞에서 신토불이, 즉 물의 대순환과 소순환을 언급했지만, 쌀과 논은 이 생명의 고리에서 핵심적인 부분이다. 그리고 쌀에는 무엇보다 오늘날 우리의 실상이 그대로 투영되어 있다는 점이 아주 중요하다.

"음식은 사람이다"라는 말이 있을 만큼 오늘 우리의 쌀은 우리와 비슷한 점이 아주 많다. 조상 대대로 내려오던 우리의 쌀은 일제의 강점으로 사라졌으며 새로운 쌀은 지난 40년 동안 근대화의 그늘에서 피폐할 대로 피폐해졌는데 이것은 우리의 근대사와 똑같은 모습이다. 사실 오늘 우리 쌀은 일본이나 미국, 중국의 그것에 비해 질이 상당히 떨어진다. 가격이나 질적인 면에서 경쟁이 어려운 상황인데 시장마저 개방되어 살리느냐 죽이느냐의 기로에 서 있는, 농약 덩어리인 우리 쌀 그 자체가 문제의 핵심이다.

그러나 바로 여기서 우리는 토인비가 세계사를 섭렵하면서 도처에서 발견한 '역경의 공능(功能)'을 상기할 필요가 있다. 고난만이 역사를 밀고 나간다는 것인데, 사실 앞으로 혼 모노 쌀이 나온다면 그곳은 일본이 아니라 한국일 것이라는 점이다.

일본은 주식(主食)문화가 안정되어 있고 쌀 시장 개방에 성공했기 때문에 쌀을 개혁할 이유가 없다. 그러나 우리는 질 좋고 값싼 외국쌀로부터 '피폐될 대로 피폐된, 우리의 일부분인 쌀'을 지킬 수 있는 방법을 찾아내도록 강요당하고 있다.

여기에서 '식품'이라는 개념이 중요하다. 쌀을 식량이 아니라 식품으로, 필자 개인적으로는 이것을 "풀무원 모델"이라고 부르는데 풀무원이라는 회사가 두부와 콩나물을 어엿한 자본주의 상품으로 만들었던 것처럼 혼 모노 쌀이 나타나 시장에서 외국 쌀을 물리치는 날이 올 것으로 확신하고 있다.

쌀은 농산물인 동시에 정부 정책의 산물이기도 하다. 그러나 밥은 주부가 만드는 것이며 최종적으로는 한 가정이나 나라의 기본 문화를 이룬다.

사실 농부나 정부가 쌀을 개혁하는데 동참하는 것 이상을 기대하기는 어렵다. 이미 무너진 농촌을 기진맥진한 쌀에게 일으켜 세우라고 주문하는 모양이기 때문이다. 쌀 문제와 농촌 문제는 분리해 다루어야 둘 다 살릴 수가 있다. 쌀 개혁의 관건은 주부가 쥐고 있기 때문에 쌀을 매개로 한 생명운동에 전국의 주부들을 망라해 나가야 할 것이다.

그리고 이 두 문제, 무너진 농촌과 무너진 쌀 문제를 통합해서 해결하는 것이 앞에서 말한 강 중심의 모듬살이 틀로 국토를 개조해 나가는 것이다. 생명의 고리를 만들어 모성에 호소해 나가는 것이 쌀 개혁이다. 한편, 일본의 농촌은 도시민에게 고향을 느끼게 만들어주는 관광 컨셉으로 살길을 모색하고 있고, 우리 농림부에서도 이 같은 취지의 농촌 리모델링으로 농촌 살리기를 생각하고 있다. 그런데 이런 리모델링에 시대적 적합성과 더불어 대변화에 일치하는 지향성을 더한 것이 필자가 주장하는 강 중심의 국토개조론이다.

현실에서도 도농의 통합, 이른바 광역시 쪽으로 가고 있다. 여기에 사실 쌀이나 농촌만 기로에 서 있는 것이 아니다. 앞에서 우리는 조립수출주도형 경제와 이것을 상부구조로 한 우리의 정치·경제가 시대적 적합성을 잃고 표류하고 있는 것을 보았다. 따라서 이런 국토개조 사업은 우리 경제의 올바른 구조조정과 연결될 수 있을 것이다.

철학과 전략을 더하자는 것이다. 단순한 도농의 통합은 의미가 없다. 나라 전체의 규모에서 보면 우리나라에는 나름대로 자생력, 이른바 시너지 효과를 갖췄거나 갖출 수 있는 어반 클러스터(Urban Cluster, 인구밀집 공업지역)가 네 군데 있다. 경인지역, 부산대구지역, 그리고 포항울산지역 등의 기존 어반 클러스터와 더불어 광양만에서 새만금에 이르는 지역에도 황해경제권의 중심축이 되는 어반 클러스터를 당장 만들 수 있다. 한강, 낙동강, 영산강, 섬진강이 모두 동원되는 것이고 금강에도 역할을 맡길 수 있다.

사실 쌀이나 농촌만 기로에 서 있는 것이 아니다. 앞에서 우리는 조립수출주도형 경제와 이것을 상부구조로 한 우리의 정치·경제가 시대적 적합성을 잃고 표류하고 있는 것을 보았다. 따라서 이런 국토개조 사업은 우리 경제의 올바른 구조조정과 연결될 수 있을 것이다.

구조조정은 정치·경제 체제의 현상 유지를 위해 돈을 퍼붓는 것이 아니라 진정한 의미에서의 살길을 찾는 것이어야 하기 때문이다.

우리에게는 동북아 경영이라는 큰 희망이 있다. 러시아는 최근 시베리아개발 6대 프로젝트를 발표했다. 중국은 산둥성과 라오닝성 등 황해 연안 지역에서도 황해경제권 구상을 내놓았다.

이들 프로젝트들은 선택적으로 계산해도 1천억 달러를 훌쩍 상회한다. 연간 매출 3~4백억 달러 규모의 대기업 두세 개를 쉽게 만들 수 있다는 계산이 나온다. 여기에 다시 국토개조 사업을 벌이면 원래의 의미 그대로 경제의 구조조정이 가능할 것이며 다음 국면의 혼란을 줄여 나갈 수 있을 것이다.

지금 우리 경제에서 화급한 것은 한마디로 전략 부재에서 벗어나는 일이다. 박정희 이후 관청 이코노미스트에서 정치인들에 이르기까지 전략 마인드가 사라졌다. 동북아 전략에서 핵심 사항은 두 가지다. 첫째는 국제적 조건을 정확히 이해하는 것이며 둘째는 동북아 경영의 정치·경제적 의미를 올바로 정립하는 일이다.

고르바초프의 경제 브레인이었던 샤탈린은 1990년대 초 세계 자본의 1/3을 가지고 있었던 일본을 겨냥하여 4천5백억 달러 규모의 시베리아 개발계획을 세웠다. 그러나 이 계획이 무산된 이유를 그 무렵 『비즈니스 위크』지는 다음과 같이 설명하고 있다.

　냉전이 끝나자 누구나 미국과 일본이 소련과 중국을 자본주의 시장으로 조직해 나가는 경쟁을 벌일 것으로 예측했지만 전혀 그 같은 움직임이 없다. 아마도 한 10년쯤 뒤 세계의 금융자본이 깨져나간 후 시장 확대에 나서는 산업자본이 나타나게 되는지 모르겠다.

　이 예측은 대체로 맞아서, 아직도 미국이나 일본이 구 소련권이나 중국으로 진출하려는 본격적인 움직임은 없다. 이런 움직임은 아마 앞으로도 없을 것이며 이대로 자본주의 세계 체제가 종언을 고할 가능성이 커 보인다. 금융자본의 세계 지배가 다시 산업자본 쪽으로 역행해 갈 가능성은 거의 없어 보이기 때문이다. 마르크스가 살아난다면 그는 전제가 깨진 자신의 이론을 상당 부분 수정할 수밖에 없겠지만, 그럼에도 불구하고 자본주의의 마지막 단계로서의 금융자본주의에 대한 언급이나 국가의 소멸 등은 수정하지 않을 것이다.

한편 미국과 일본이 러시아와 중국을 잠재적인 주적으로서가 아니라 마샬 플랜식의 시장 확대로 본다는 것은 국가주의의 자기부정과 연결되는 것이어서 커밍스 류의 전망도 앞으로 그대로 실현되기는 어려울 것이다.

여기서 중요한 것은, 우리의 동북아 경영에 대해 미일이 견제할런지는 모르지만 경쟁에는 소극적일 것이며, 중국이나 러시아가 아니라 만주나 산둥성 같은 황해 연안이나 시베리아라는 지역이 당사자 능력을 갖고 있어서 지역 간의 협력이 가능하고 또 세계의 금융시장에서 자본을 구하기가 용이하기 때문에 이 동북아 경영의 성사 가능성이 크다는 점이다.

그러나 동북아 중심처럼 국가주의적인 진출을 말하는 것은 아니다. 앞에서 한반도가 다음 국면에서 세계사의 중심이라고 언급했는데, 이것은 혼돈의 중심이 아니라 혼돈을 걷어내는 능동적 역할로서의 중심, 즉 '새로운 세계의 중심'이 될 수 있다.

얼핏 생각하면 불가능한 현실 같지만 이는 그렇지 않다. 자연이 스스로 짜나가는 것을 돕는 일이기 때문에, 더구나 다음 국면이 기다리고 있기 때문에 패러다임 시프트를 올바로 이해하기만 하면 큰 길이 열려 있다는 사실을 알게 될 것이다.

국내외를 막론하고 대혼돈에 부응하는 이니셔티브는 없다. '다음 국면'에서도 끊임 없이 혼돈 비용을 지불하면서 무너질 수밖에 없는 여의도 정치나, 체제를 개혁할 수 있다고 믿는 시민운동도 한계가 분명하다. 시민운동은 이제 대안을 제시하는 것이 아니라 스스로가 대안이 되어야 한다. 밖을 보아도 마찬가지다. 미국이나 일본, 중국의 권력도 새로운 패러다임 앞에서는 종이호랑이에 불과하다.

따라서 우리가 세상이 흘러가는 방향과 일치하는 깃발을 만들어 새로운 적은, 증오의 역학이 아니라 사랑으로써만 극복할 수 있다는 확신을 조금씩 실천해 나간다면 '한강연대'가 사랑의 패러다임을 담아내는 전면적인 대안으로서, 현재 세계를 휩쓸고 있는 국내외의 반전주의들이나 아나키스트들 그리고 에코그룹들이나 페미니스트들이 공명해 올 것이며 서로 연대하여 엄청난 힘을 형성할 수 있을 것이다.

한강연대를 만들어 낙동강, 영산강, 금강과 더불어 국토개조에 나서고 한반도의 정치를 전개해 나간다면 나라 안팎에서 이니셔티브를 쥘 수가 있다. 이것이 새로운 의미의 정치다.

한반도 정치란 다음 국면에서 붕괴되고 말 분단 체제를 대신하는 새로운 정치·경제의 틀, 즉 동북아의 여러 지역과 더불어 사는 틀을 모색하는 것이다.

그리고 여의도 정치와 대립하면서 이 대립이라는 게임을 통해 위상을 설정해 갈 수도 있다. 한반도 정치와 여의도 정치의 대립은 우선 정치라는 개념의 대립이다. 정치를 권력이라고 믿는 여의도에 대해서 우리의 정치는 이니셔티브다.

"권력은 총구로부터 나온다"고 했다. 물리적인 힘(Force)을 상대가 인정하지 않을 수 없게 되면 이것은 심리적인 힘(Power)으로 바뀌는데 이런 전도 현상이 법이나 제도, 관습 등으로 굳어진 것이 권력이다. 그러나 이제 근대국가는 적이 없어지면서 그 물리력의 존재 근거를 잃고 있어서 종내는 권력이 무력화되는 것이다. 권력은 없다.

지난 번 대선에서 어느 후보는 축구를 통해 선두로 나선 적이 있다.

한강연대를 만들어
낙동강, 영산강,
금강과 더불어
국토개조에 나서고
한반도의 정치를
전개해 나간다면
나라 안팎에서
이니셔티브를
쥘 수가 있다.
이것이 새로운
의미의 정치다.

어린 가수를 전국구 1번으로 선정해야겠다는 자학도 그냥 보아 넘기지만 않는다면 정치가 더 이상 힘이 아닐 뿐만 아니라 이니셔티브일 수 있다는 반증일 수 있다. 현실정치가 국민의 마음에서 떠난지는 아주 오래되었다. 대안이 없기 때문에 어제와 같은 오늘이 되풀이되고 있는 것뿐이다.

노무현 개혁도 종내는 체제와 함께 무너진 고르바초프 개혁과 흡사하다. 이들이 체제 밖에 서서 체제의 무너짐을 관리한다면 그보다 다행스러운 일은 없겠지만 이들은 이미 낡은 정치게임에 말려들어 갔다. 없어진 권력을 대신하는 이니셔티브 정치는 일원론적 생태주의에 근거한 연대로서 그리고 생명 하나하나를 그물코로서 세상을 엮어 나가는 것이다.

최근 한국을 다녀간 일본의 오마에 겐이치는 우리나라가 앞으로 인구 500만에서 1,000만 명 단위의 지역국가로 개편되어야 한다고 했다. 그런데 이 같은 주장은 그가 근대국가의 와해를 주장하고 있는 것과 같은 맥락일 것이다.

한반도 정치는 이니셔티브인 만큼 그 콘텐츠는 앞서 말한 '사업'이다. 그리고 이 사업은 땅만큼이나 무한한 가능성을 지니고 있어서 내용에 있어서 그 무엇이든 가능한 것이다.

국토개조도 마찬가지다. 김지하 시인은 주말마다 전국의 도로를 가득 메우는 나들이 행렬을 가리켜 유목민이라고 했다. 라틴어의 Oicos는 Economy면서 또 Ecology의 뜻을 가지고 있는데, 다른 의미로는 집을 말한다. 주말마다 전국을 뒤덮는 이 행렬은 Ecology, 자연에서 집, 마음의 고향이라 해도 좋은, 집을 찾는 행렬이다. 이 에너지가 국토개조의 경제(Economy)가 될 수 있을 것이다.

중요한 것은 때가 왔으며 글자 그대로 시작이 절반이어서 마음만 먹으면 이미 반은 성공한 것이라고 생각해도 좋을 것이다.

담론 3

전쟁에 대하여

1970년대 초반 미국의 몇몇 유명한 월간지가 「아이언 마운틴 보고서」라는 비밀문서를 공개한 적이 있다. 1969년 대통령에 취임한 리처드 닉슨은 잘 알려진 것처럼 월남전을 끝내고 중국과 화해를 한다는 복안을 가지고 있었다. 여기에 연결된 것인지는 확인할 수 없지만, 그의 취임 직후에 "만약 세계가 전쟁이나 전쟁의 위협이 없는 상황에 놓이게 될 때 미국이 당면하게 될 문제를 현실적이고도 정확하게 규명하고 이에 대처할 방안을 마련하라"는 주문이 미국 정부 깊숙한 곳에서 나왔다는 것이다. 그리고 이것을 연구하는 특별연구그룹이 조직되었다는 것이다.

미국 전역에서 사회과학, 인문과학, 자연과학 등 전문분야 뿐만 아니라 법률가와 사업가, 문학평론가, 군사전문가 등 미국을 대표할 만한 사람 15명을 엄선해서 2년 반 동안 극비리에 막대한 지원을 해서 연구결과가 나왔다. 그런데 이것이 문제가 되었다. 연구에 참여했던 교수 한 사람이 극비 연구 결과를 공개해버린 것이다. 물론 가명이지만 존 도우라는 교수가 『뉴욕 타임스』지의 레너드 르윈 기자에게 이 보고서 사본을 건네주었다. 보고서의 충격적인 결론과 내용 때문에 특별연구그룹은 이 보고서를 비공개로 할 것을 결정했다. 그러나 양심적인 도우 교수는 이들 동료들에 대한 의무보다 사회구성원의 책임과 국민의 알 권리라는, 문명사회가 신봉하는 원칙을 중시한 것이다.

미국을 대표하는 석학들과 학계의 최고권위자 15명을 아이언 마운틴이라는 핵전쟁 대피소에 초치하여 2년 반 동안이나 연구한 결과는 "전쟁과 전쟁제도는 사회의 안정에 불가결한 기능을 갖고 있다. 이 같은 기능을 대신할 다른 사회제도가 발견될 때까지 전쟁제도는 존속되어야 하며 그 효능을 더욱 개선하지 않으면 안 된다"는 것이었다.

전쟁이 오히려 사회의 안정과 발전에 기여하는 필요불가결한 요소라는 가설은 부분적으로 인정되고 있다. 그러나 과거에 그랬다는 정도의 관념적인 이해일 뿐이다. 그런데 이 보고서는 세계적인 책임을 가진 미국 정부에게 현실정치에서 평화보다 전쟁의 계속을 택할 수밖에 다른 도리가 없다는 신념을 주는 것이다. 평화를 바라는 보통 사람들과 입만 열면 평화를 말하는 세계의 정치가 사이에는 넘을 수 없는, 속고

속이는 불신의 벽이 불가피해서 그것을 허물 수는 없다는 이야기가 되는 것이다.

더구나 이 보고서는 그 결론 못지 않게 내용 자체도 충격적이었다. "의학의 발달은 대부분 진보라기 보다는 사회의 심각한 두통거리다. 정치가들이 가두에서 외치는 것과는 반대로 빈곤은 필요하며 사회 안정을 위해서 바람직하기까지 하다"고 주장하고 있는 것이다. 우주개발계획이나 미사일 방어용 미사일망들이 과학의 발달이나 국가방위의 목적보다는 사회와 경제 체제의 건강을 유지하기 위한 신진대사이며, 이런 의미에서 생산적인 소모 행위라는 사실을 믿을 사람은 아마도 없을 것이다.

『뉴욕 타임스』의 레너드 르윈 기자는 이런 충격적인 사실을 국민에게 알려야 한다는 도우 교수의 신념에 동조해서 이 보고서를 책으로 출판하는 한편, 몇몇 월간지와 교섭해서 전재하기로 했다. 이 보고서는 보고서 본문과 함께 604건의 관련 자료와 도해, 그리고 1960년대 말과 1970년대 초임에도 불구하고 컴퓨터로 처리된 피스 게임(Peace Game), 전반적인 세계 평화 가상전략을 마치 미 국방성이 갖고 있는 치

밀하고 정교한 세계 전쟁 게임과 같은 수준으로 만들어서 제시했다.

이 컴퓨터에 의한 피스 게임은 구체적인 현실세계에서 과연 평화가 가능한가를 모든 국가의 동정과 세계 정치·경제의 흐름을 상호 복합적으로 가정해가면서 정확하게 예측해야 하는 것이다. 이뿐만 아니라 가상의 평화 조건들을 여기에 연결시켜야 하는, 아마도 컴퓨터의 역량을 총동원하지 않으면 안 되는 일이었을 것이다.

보편적이고 지속적인 평화시대가 온다면 세계 각국의 사회구조에 전례없는 혁명적이고 충격적인 변화가 몰아닥칠 것이다. 평화에로의 전환이 시작되면 군축이 진행되는데 이것만으로도 경제에 미칠 영향은 엄청난 것이기 때문이다. 군축은 국가의 모든 생산형식과 분배형식에 혼란을 일으키고 결정적 변화를 불가피하게 할 것이다. 아마도 지난 50년간 일어난 변화가 무색할 정도일 것이다. 경제뿐만 아니라 정치, 사회, 문화 그리고 생태계의 변화도 마찬가지다. 세계가 이 같은 평화에 대해 전혀 무방비 상태에 있으면서도 무책임하게 평화를 운위하고 있는 것은 놀라운 일이다.

이렇게 시작된 이 보고서는 우선 평화라는 것이 바람직하다든가 좋은 것이라든가 하는 원망이나 가치판단을 배제했다. 그 대신 평화가 도래하면 어떤 사태가 예상되며 여기에 어떻게 대처해야 하는가 등의 문제에 역점을 두고 연구가 진행되었다고 밝히고 있다.

현대사회에서 전쟁이나 전쟁제도의 진정한 역할은 무엇일까? 사실 국가 이익을 방어하고 신장한다는 표면적인 이유 뒤에는 이것보다 몇 배는 크고 중요한 이유가 숨겨져 있다. 그래서 분쟁의 평화적 해결을 보장하는 장치가 마련되고, 나아가 여러 국가들이 분쟁을 평화적으로 해결한다는 원칙을 확립한다고 해도, 그것만으로 전쟁이나 전쟁제도가 없어질 수가 없다는 것이다. 다시 말해 전쟁이나 전쟁제도가 장기적으로 없어지고 또 이것을 대신할 제도가 마련되지 못한다면, 미국이나 세계는 살아남을 수 없다는 식의 결론이다. 인류는 지금 전쟁 위협과 다를 바 없는 평화 위협 앞에 직면해 있다는 것이다.

우선 군비 축소와 경제의 관계를 살펴보자. 전면적이고 보편적인 군비의 축소는 경제에 커다란 영향을 준다. 보다 구체적으로 말해 군사산업의 산출량은 전 세계 경제 산출량의 10분의 1에 달한다. 규모가 이렇게 커서 직접적인 영향을 줄 뿐만 아니라 또 군사산업은 다른 목적으로 전환하기가 아주 어렵다. 현대의 군수생산은 고도로 전문화되어 있다. 이들을 재배치한다는 것은 지난 날 몇몇 군수산업체나 연구소가 폐쇄된 후 종업원들을 재배치하는 조정계획이 나오자, 그들이 크게 반발해서 계획을 전면 백지화했던 경우와는 문제가 다르다. 인력의 재배치는 지엽적인 것이다. 기본적으로 자원의 배분 원칙이 전면적으로 바뀌는, 경제의 기본구조 전환문제인 것이다.

"총칼을 녹여서 보습을 만든다"라는, 이런 시적 표현이 전쟁시대를 평화시대로 바꾸는 문제에 대한 지금까지의 인식이다. 그러나 실제로 총칼을 녹여서 보습을 만들게 되는 상황이 도래하면 사회적인 문제가 심각해진다.

물론 국방비에 해당하는 예산을 점진적으로 감세하여 소비자에게 되돌려준다거나, 국민보건, 교육, 대중교통, 상·하수도 시설이나 특히 주택과 공해문제 해결에 사용할 수도 있고 또는 군사전문역량을 고스란히 우주개발에 재배치해서 우주개발붐을 이루어낸다든지 하는 방식으로 조정할 수는 있을지도 모른다. 그리고 이렇게 주장하는 이론들이 많이 나와 있는 것도 사실이다. 그렇지만 이런 아이디어나 이론들은 한결같이 기본적인 오류를 범하고 있다. 전세계를 대상으로 아주 정교한 군축시나리오를 만든다 하더라도 그것이 비현실적이기는 마찬가지라는 점이다. 그 이유는 간단하다. 제도로서 전쟁은 사회 체제에 종속되어 있고 또 사회 체제에 봉사하고 있다는, 잘못된 기본 인식을 가지고 있기 때문이다.

그러나 실제는 전쟁이나 전쟁제도 자체가 사회의 기본 제도이다. 그러나 평화 전환을 한다는 것은 전쟁이나 전쟁제도를 기초로 구성되어 있는 사회를 부정하게 되는 셈인 것이다. 따라서 아무리 정교하게 평화 전환 시나리오를 만든다고 해도 이런 본질을 도외시하면 비현실적이 되고, 또 본질을 꿰뚫는다면 미국이나 세계의 현 체제를 뒤엎어야 한다는 주장이 되거나, 아니면 그럴 수는 없으니 평화 전환이라는 것은 안 된다는 결론을 낼 수밖에 없다는 것이다. 왜 이런 결론에 이르게 되는가 하는 문제를 전쟁이나 전쟁제도가 사회에서 어떤 기능을 하고 있는가 하는 문제로 전쟁은 대부분의 사회에서 사회를 구성하는 근본적 동기이다. 단순한 원시사회의 경우에는 여기에 대한 이론이 없지만, 현대사회에는 이것이 묘하게 은폐되어 있어서 그렇지 않은 것처럼 보일 뿐이다.

부터 접근해 보기로 하자.

전쟁은 대부분의 사회에서 사회를 구성하는 근본적 동기이다. 단순한 원시사회의 경우에는 여기에 대한 이론이 없지만, 현대사회에는 이것이 묘하게 은폐되어 있어서 그렇지 않은 것처럼 보일 뿐이다. 전쟁제도는 크게 군사적 기능과 비군사적 기능으로 나뉠 수가 있다. 전쟁이 없어지면 전쟁제도의 군사적 기능은 없어져 버릴 것이다. 본고에서는 어떤 형식으로건 세계에 전쟁이 없어진다는 것을 전제로 하고 있는 만큼 이런 군사적 기능은 여기에서 논의의 가치가 없다. 문제는 비군사적 기능이다.

우선 경제적 기능이다. 무기의 생산은 생산적인 소모라고 말한다. 단순 소모는 부도덕한 일이지만 군사 소모는 한 나라의 경제에서 반드시 필요한 생산적인 소모가 된다. 미 군축국의 한 보고서는 "2차 대전 이후 막대한 국방비 지출로 공공 부문이 크게 확대되었기 때문에 미국 경제는 주기적인 불황을 견뎌낼 수가 있었다. 민간 부문이 위축된다 할지라도 국방비 지출과 같은 공공 부문은 이에 영향을 받지 않는다. 따라서 전체

경제에 방패 역할을 했으며 경제 성장에도 안정을 유지케 하는 균형의 바퀴로 작용했다"라고 쓰고 있다. 국방비 지출과 같은 공공 부문 이외의 다른 공공 부문, 예컨대 정부의 재정금융정책은 돈을 지나치게 풀면 인플레로 나타나는 등 경제 체제 안에서 작용한다. 하지만 군사적 소모는 통상 국가경제의 틀 밖에서 이러한 균형을 잡아주는 역할을 한다.

전쟁이 단지 경제 순환만을 돕는 것은 물론 아니다. 오늘날의 인류 경제를 현재와 같은 상태로 만든 기술적인 발전이 전쟁에 의해 가능했다는 사실은 상식에 속하는 일이다. 전쟁의 정치적 기능은 많은 경우 간과되지만 경제적 기능 못지 않게 중요하다. 사람들은 평화 전환을 하면 경제가 어떻게 될 것인가 또 국제 정치는 어떻게 될 것인가에는 면밀한 관심을 보이면서도 평화 전환이 개별 국가에 미치는 영향은 좀처럼 생각하지 못하고 있다. 그러나 한 사회에서 정치적인 것의 비중이 경제에 못지 않듯 전쟁의 정치적 기능 또한 그만큼 중요하다. 정치적으로 하나의 국가라는 개념속에는 타국이라는 외연이 있다. 한 나라의 타국에 대한 관계를 대외정책이라고 한다. 대외정책은 자기 의사를 타국에 어떤 형태로든 강요할 수 있는 수단이 없을 때는 의미가 없다. 다시 말해 전쟁 능력이나 전쟁 용의가 없을 때 타국에 맞서 한 나라가 존재할 수 없게 되는 것이다. 이런 의미에서 전쟁은 곧 국가이며 이를 대신하는 평화에로의 전환은 국가 소멸을 의미하는 것이기도 하다. 따라서 전쟁 가능성은 권력 유지의 근거이자 권력에 정통성을 부여하는 동기가 된다.

전쟁은 이런 정치적 기능과 연결되는 동시에 여러 가지 광범위한 사회적 기능을 가지고 있다. 선발징병제도처럼 노골적인 것이 아니라 하여도 상비군제도 역시 사회에 적대적인 세력들이나 허무주의적 요소들을 순치하는 기능을 한다. 예를 들어 농촌의 문맹률을 줄이고 근대적 조직과 문물에 익숙하게 하는 등의 효과를 가져온다는 것들은 잘 알려져 있다. 사실 사회에 집단의지를 심어주는 전쟁이나 전쟁제도가 없었다면, 사회적 아이덴티티, 즉 동질성의 확보는 무엇으로도 불가능했을 것이라는 점은 특히 남북한 사회를 보면 명료하게 드러나는 일일 것이다.

전쟁은 이밖에도 유사 이전부터 생태학적인 기능을 해왔다. 맬더스의 인구론은 적자생존의 동물적 법칙을 사회적으로 표현한 것이며 전쟁에 의한 인구 조절을 말하는 것이다. 이런 전쟁의 생태학적 기능이나 문화·과학적인 기능, 아니, 기능이라기보다는 업적 쪽이겠지만, 이런 기능들을 평화 전환시에는 무엇으로 대체할 것인가. 전쟁의 정치적·경제적·사회적 기능들을 근본적으로 대체할 만한 방법은 있는 것인가.

1970년대 초 닉슨 정부에서 수행했던 평화 전환의 가능성 탐구를 평화 전환이 가시화된 1990년대 초의 시점에서 어떻게 평가할 수 있는가 하는 문제들을 검토해 보기로 하자.

앞서 전쟁이나 전쟁제도가 국가 유지를 위한 군사적 기능 이외에 경제·정치적으로 사회를 유지·발전시키는 주요한 기능을 하고 있을 뿐만 아니라, 현대 국가의 구성원리라는 점을 개진했다. 따라서 전쟁이나 전쟁제도를 없앤다면 이러한 기능을 대신하는 새로운 제도를 만들어내야만 하는 것이다.

경제적으로 전쟁이나 전쟁제도를 대신하려면 두 가지 기본적인 요건을 갖춰야 한다. 우선 그것은 소모적이지 않으면 안 된다.

그러나 문제는 두 가지가 남는다. 첫째는 10년 후에 사회복지의 주요 목표가 모두 달성되어 버려 그 이후에는 여기에 소요되는 비용이 체감하게 될 것이라는 점이다. 둘째는 더욱 난처한 것이 이런 정부의 투자가 경제 구조 밖에서 균형의 바퀴 역할을 하지 못한다는 점이다.

일반적으로 감상적인 평화애호가들은 전쟁을 없애고 이 비용을 사회복지로 전환하는 것을 생각한다. 의학 연구와 의료훈련시설의 대폭 확대와 더불어 병원과 의료시설의 증설 및 국민보건의 완전 정부 부담, 그리고 완전무상 평생교육제도 같은 것들이 그것이다. 여기에는 주택문제나 대중교통 그리고 환경문제나 빈곤추방계획도 포함된다.

그러나 이런 전면적인 사회보장 시스템의 구축엔 과연 얼마만한 재원이 요구되는 것일까? 1960년대 필립 랜돌프가 『전 미국인을 위한 자유예산』이라는 책에서 이와 비슷한 사회복지 개념을 계산했는데, 10년 계획으로 1천8백50억 달러를 계상했다. 1960년대라면 미국의 1년 단위 국방예산이 2백억 달러 수준이었으므로 우선 규모에서는 군사비와 맞먹을 수 있다.

그러나 문제는 두 가지가 남는다. 첫째는 10년 후에 사회복지의 주요 목표가 모두 달성되어 버려 그 이후에는 여기에 소요되는 비용이 체감하게 될 것이라는 점이다. 둘째는 더욱 난처한 것이 이런 정부의 투자가 경제 구조 밖에서 균형의 바퀴 역할을 하지 못한다는 점이다. 전쟁산업이나 전쟁은 앞서 설명한 것처럼 과잉생산을 처리하는가 하면 인위적인 수요를 만들면서 경제의 속도를 조절하는 폐달 역할을 한다. 그러나 경제 테두리 밖에 있는 군사 비용과는 달리 정부의 모든 재정금융정책은, 그것이 사회복지 투자 명목이든 아니든 일단 착수되면 경제 원리대로 작용하여 인플레를 가중시키면서 몇 해 지나지 않아 추진력을 잃어버리게 된다. 전쟁이나 전쟁제도의 생산적인 소모와는 범주를 달리하는 것이라는 뜻이다.

대규모 사회복지보다는 오히려 우주개발이 생산적인 소모라는 점에서는 전쟁의 사회적 기능에 가까운 편이다. 그러나 여기에도 현실적인 난점이 있다. 미국의 우주개발은 사실 소규모의 과학 탐구를 제외하면 대부분이 군사 목적이다. 이를테면 순수 우주과학, 다시 말해 과학의 진보와 연계되는 논리에 따라 비용을 쓰게 되는 비군사우주계획은 세계 GNP의 10%라는 전쟁과 전쟁제도를 감당할 수 없다. 그나마 과학의 발달은 비용을 더욱 줄이는 쪽으로 기능하기 때문에 이것 또한 장기적이고 지속적인 대안일 수는 없다.

평화 감시를 목적으로 비무장 군대를 두는 방법도 고려될 수가 있을 것이다. 1965년에 아더 와스코라는 학자가 「비무장 미군을 지향하며」라는 논문을 의회와 전략가들의 세미나에서 내놓은 적이 있다. 이런 대규모 비무장 군대는 예산 규모도 군대 수준으로 끌어올릴 수가 있을 것이다. 또한 정치적으로도 그 필요성을 인정받을 수가 있겠지만 기본적으로 평화를 감시한다는 그 역할은 적대적인 존재를 전제로 한 것이어서 전쟁 준비의 일부분이거나 다른 형태의 전쟁제도이지 평화 전환이 아니다. 즉 평화 감시는 평화 전환이 끝나면 존재이유를 상실하게 될 것이다. 다만 전쟁에서 평화로 넘어가는 과도기에는 필요한 제도일 수는 있을 것이다. 비무장 미군이라는 구상은 미국이 한때 대외 원조의 효율을 더욱 높이기 위해서, 다시 말해 미국의 국가 이익을 더욱 확실하게 관철하기 위해 평화봉사단을 세계 여러 곳에 파견한 것과 맥락을 같이하는 것이다. 평화 시대의 미국 이미지가 이런 헤게모니 체제의 연장이어야 하는지는 위 논문의 연구 밖의 문제이다.

외부의 위협은 어느 집단이건 내부를 단결시킨다. 전쟁이 사회 구성원을 동질화시켜 이른바 국민이라는 개념을 만들어왔고, 또 정부가 이들을 통치하게 된 원리가 바로 이것이다. 사실 전쟁이 완전히 없어지면 국가 주권도 없어지고 오늘날 우리에게 익숙한 국민이라는 개념도 존재하지 않을 것이다. 이같은 점은 오늘날 유럽의 통합 흐름에서 유럽의 집이라는 개념이 국가를 대신하고 유럽 시민이라는 말이 등장하고 있는 것과 무관치 않다.

하지만 그렇다고 해서 행정적인 의미의 국가까지 없어지는 것은 아닐 것이다. 또 주권이라는 지배의 개념은 사라져도 사회 안정을 위해서는 최소한의 정치권력과 행정이 필요한 것이다. 그렇다면 평화 시대에도 어디에선가 정치적 권위를 끌어와야 한다. 상대적인 위협이 있어야 하며 이것은 진정한 위협으로서의 성격을 지녀야 하는 것이다.

평화 시대의 국제 관계는 세계재판소 같은 것이 담당하게 될 것이라고 생각하는 사람이 많다. 이것과 연관지어 국내의 강력한 법체계가 사회적 위협을 대신할 수 있지 않을까 하는 생각을 할 수도 있다. 그러나 현대에 이르기까지 많은 독재 국가들이 주로 외부의 위협을 근거로 존재

했다는 것을 생각하면 법이 갖는 제재력의 한계는 너무나 명백하다.

　우주개발을 전쟁의 경제적 대안으로 생각하는 사람들은 이같은 발상을 우주에서 구하기도 한다. 외계나 다른 혹성의 생물로부터 침략을 받아 지구가 파괴의 위험에 직면하게 된다면, 그것은 역설적이지만 아마도 최후이자 최선의 평화를 보장하게 될 것이라는 점이다. 이런 상황이라면 군사능력을 강화해야 하는 이러한 보고서 따위가 전혀 필요없는 상황일 것이다. 실제로 로버트 해리스라는 사람은 「진정한 적」이라는 논문에서 이런 시나리오를 구상한 바 있다. 비행접시가 나타났다는 정보를 흘려서 여기에 시민들이 어떤 반응을 보이는지도 조사를 했다. 그러나 이런 류의 정치 조작은 조작이기 때문에 아무래도 전쟁의 정치적 기능을 대신하기에는 적절치 않아 보인다.

　환경오염은 결국 핵무기에 대신해서 인류와 지구를 대량 파괴할 수 있으며 따라서 인류 생존에 가장 커다란 위협이 될 것이다. 대기와 물 그리고 식량의 근거지인 토양의 오염은 이미 상당히 진척되었다. 더구나 공해는 정치권력이나 사회조직이 아니면 처리할 수 없다. 그래서 위의 논문은 환경오염은 상당히 장래가 촉망되는 적이라고 규정하고 있다. 이어서 유의해야 할 것은 환경오염이 전 지구적인 규모로 확대되어 인류의 생존을 위협할 수 있으려면, 악화의 속도가 아무리 빠르다 할 지라도 한 세대 내지는 한 세대 반이 걸릴 것이라고 쓰고 있다. 이 보고서가 1970년대 초에 나온 것이라는 점을 감안해 보면, 한 세대는 앞으로 10년 남았다. 사실 벌써 공해가 지구 규모로는 일반화해서 체계적이면서 조직적으로 움직이고 있다. 아마 앞으로 10년에서 25년 정도 후에는 공해가 전쟁에 대신하는 정치·경제·사회적 역할을 하게 되는 전혀 새로운 세계가 된다고 해도 이상하지 않을 것이다.

사회적으로 전쟁이나 전쟁제도를 대신하는 것은 무엇일까? 어떻든 그것은 군사제도가 해온 것처럼 사회의 불안요소를 중립화하거나 교정해야 하고 사회 구성원을 응집시킬 수 있어야 할 것이다. 고대 세계에서의 인신공희, 즉 희생양 의식 같은 것을 현대화한다거나 또는 앞에서 든 사회의 불안요소에 대한 공격을 통해 응집력을 얻는 방법도 생각할 수 있지만 이것 역시 짧은 시간 특정 상황에서만 가능한 일일 것이다. 그러

사실 벌써 공해가
지구 규모로는
일반화해서 체계적이면서
조직적으로 움직이고
있다。아마 앞으로
10년에서 25년 정도
후에는 공해가 전쟁에
대신하는 정치·경제·
사회적 역할을 하게 되는
전혀 새로운 세계가
된다고 해도 이상하지
않을 것이다。

나 이 보고서는 1970년대 초에 쓰여진 것임에도 불구하고 환경오염이 극도로 악화되면 이것이 전쟁이나 전쟁제도의 사회적 기능을 충분히 대신할 수 있을 것이라는 탁견을 드러내고 있으며 이것은 30여 년이 지난 지금까지도 전혀 그 생명력을 잃지 않고 있다.

사실 이 보고서는 가상의 것이었다. 1970년대 초 월남전을 둘러싸고 다니엘 엘즈버그라는 사람이 미 국방성의 월남전 관련 보고서를 공개하면서 이것이 크게 정치 문제화되었던 적이 있다. 이 보고서의 필자는 당시 미국 사회의 반전 분위기속에서 보다 근본적인 건강한 문명 비판의 의도로 미국 사회나 문명의 본질이 무엇인가 하는 문제를 평화 전환이라는 명제속에 포괄해서 개진한 것이다. 레너드 르윈 기자가 이 보고서를 책으로 출판하고 『아틀란틱』, 『에스콰이어』 등 일류 월간지들이 그 내용을 전제했지만 끝내 필자는 밝혀지지 않았다. 『뉴욕 타임스』는 서평에서 "이런 정도로 각 분야에 해박한 전문지식과 상상력을 갖춘 사람이라면 미국에서는 『풍요한 사회와 불확실성의 시대』로 우리에게도 잘 알려진 갈브레이스 교수밖에 없다"고 단정했다. 그러나 본인의 부인으로 필자가 누구인가 하는 문제는 결국 미궁에 빠지고 말았다. 1990년 초 미국에서는 미국이 고르바초프를 도와줄 필요가 없다는 논문이 Z라는 익명으로 나왔는데 이것도 누가 쓴 것인지 밝혀지지 않았다. 비록 현실 정책은 반대로 갔지만 미국 조야에서 상당한 논란이 되었다. 우리로서는 익숙하지 못한 지적 풍토가 확립되어 있는 것이다.

어쨌거나 이 논문은 1970년대 초에 쓰여졌음에도 불구하고 몇 가지 점에서 지금까지도 지적 생명력을 가지고 있다. 현재 미국과 소련이 양국 세계 전략의 기본이 되는 전략핵무기를 30%나 감축하기로 원칙을 정해 놓고 있어서 앞으로 평화 전환 문제는 국제 정치나 강대국들의 국내 체제에서 해결하지 않으면 안 되는 중대한 문제로 대두될 것이 분명하다.

벌써부터 미국 군수산업의 주식이 증권시장에서 폭락하고 있지만, 사실 전쟁이나 전쟁제도가 앞으로 어떻게 될 것인가 하는 문제는 단순한 지적인 흥미를 뛰어넘는 현실적인 문제이다.

그런데 무엇보다 흥미로운 사실은 이 보고서의 근간을 이루는 것 가운데 하나가 "전쟁은 한마디로 수지가 맞는 일"이라는 것이다. 2차 대전까지 이것은 움직일 수 없는 사실이고 이론이었다. 강대국은 부유하고 강한, 다시 말하면 부강한 나라라고 불려졌다.

그러나 오늘의 세계에서 보면 군사력이 강한 미국과 소련은 경제력이 약해졌다. 반면에 일본이나 북유럽 여러 나라는 군사적으로는 약하지만 경제적으로 강하다. 이렇게 부와 강이 서로 모순되고 불일치하면서, 지금까지 국제 관계를 측정하던 자는 소용이 없게 되었다. 이 보고서가 강조하고 있듯이 전에는 전쟁이나 전쟁 준비가 나라의 경제에 활력을 준다고 누구나 인정했으나 2차 대전 이후의 현실은 정반대이다. 전쟁비용 증가의 법칙이라는 것이 1981년에 나왔다. 예컨대 한국과 일본 그리고 중국에서 구입하는 미국의 신형 보잉747-400이라는 여객기는 2억 달러인데 비해 미국의 신예 전략폭격기 B-1의 가격은 대당 20억 달러나 된다. 이것을 2천억 달러를 들여서 1백대 만들어야 미국의 세계 전략이 가능해지니까 전쟁 준비는 이 보고서가 말하는 '생산적인 소모'가 아니라 '경제를 파탄시키는 소모'로 변하고 말았다. 사실 레이건과 브레즈네프가 1980년대 초 군사 경쟁을 격심하게 한 것이 미·소 경제력의 결정적 위축을 가져왔고 이것이 평화 전환을 불가피하게 만든 것은, 이 보고서의 필자가 보고 있다면, 역사의 아이러니라고 할 것이다.

필자는 1974년 경에 이 보고서에 흥미를 느껴서 어느 잡지에 번역해 실었는데, 16년 만에 다시 이 논문을 보게 되면서 몇 가지 감회를 느낀다. 그 하나는 지금 소련과 동구의 대변혁으로 근대국가, 즉 영토와 주권 그리고 군대를 가진 국가가 흔들리고 있다는 점이다. 이 보고서도 지적한 것처럼 군사라는 정치적 기능이 약화되면 국가라는 제도도 달라질 수밖에 없다는 것을 소연방내의 몇 개 공화국의 독립선언이나 동독을 비롯한 동구 국가 그리고 유럽 통합의 흐름에서 읽을 수가 있다.

또 하나 흥미로운 것이 환경문제이다. 전쟁이나 전쟁제도를 그 어떤 것도 대신할 수가 없다고 하면서도, 환경문제는 앞으로 10년이나 25년 후면 인류가 당면하게 될 최대의 적이라고 규정한 이 논문의 혜안은 실로 놀라운 것이다. 벌써 국제정치에서 공해문제가 정치·경제·군사 분쟁보다 더 중요한 과제로 등장하고 있다.

또 하나 중요한 것은 이제 평화 전화의 시대가 되면 앞으로 세계사를 이끌 가치가 무엇이 될 것인가 하는 문제이다. 이제 부하고 강한, 즉 부강한 나라란 더 이상 존재하기 어렵게 되었다. 그렇다면 앞으로 좋은 나라라는 가치는 어디에 두게 될 것이며, 앞으로 세계사의 진보를 재는 척도는 무엇이 될런지 자못 궁금한 일이다.

이런 논의는, 밖에서 일어나는 빠른 변화와 이것을 수용하지 못하고 오히려 변화를 거부하는 쪽으로 움직이는 국내의 사고방식에 좀더 넓은 사고의 지평을 열어 보일 수 있다는 점에서 유익할 것이다.

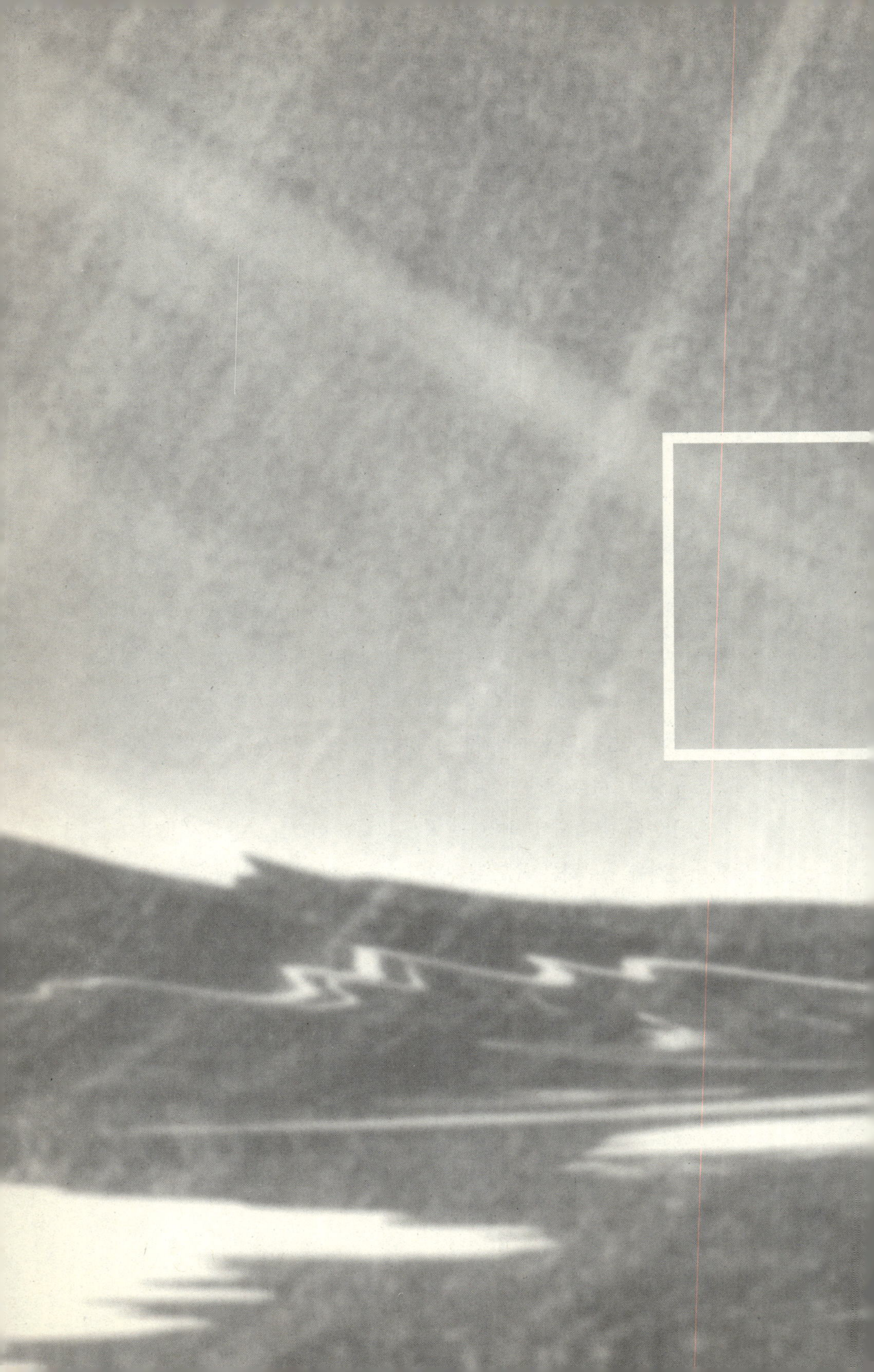

한반도 정치 경제학

※이 글은 1990년에 쓴 것으로서 뒷 부분만 가필한 것이다.

침몰하는 국가

대변혁의 참모습은 한마디로 근대국가의 와해다. 냉전의 종식도, 페레스트로이카도, 동구의 대변혁도, 미일 경제 마찰도, 유럽 통합도 모두가 근대국가의 와해를 향해 줄달음치고 있는 현상들이다. 18세기 프랑스 대혁명으로 확립된 근대국가 또한 그 이전의 절대군주국가나 봉건왕국 혹은 고대제국과 마찬가지로 역사의 일정 단계에 나타났다 사라지는 인류사회의 존재 형식에 불과했음이 드러나고 있는 것이다. 그리고 낡은 것을 무너뜨리는 모든 대변혁이 반드시 그러하듯, 근대국가의 와해도 격렬한 진통이면서 동시에 '사회로부터의 인간 해방'이라는, 새로운 자유를 향한 길을 잉태하고 있는 가능성인 것은 물론이다.

사회주의를 국가 소유의 독점 체제에 입각한 사회로 규정한 사회주의관은 잘못됐다. 그런 사회주의관과 당을 중심으로 한 지도부당이 인민의 이름으로 행한 독재는 전횡과 무법, 그리고 인간소외를 낳았다.

1990년에 개정된 소련 공산당 규약이 사회주의 70년을 요약·반성하고 있는 구절이다. 그러나 사회주의를 근대국가라는 그릇에 담았을 때 어떻게 변질되느냐를 실험한 것 뿐이라는 내용이 행간에 숨어 있음을 우리는 알 수 있다.

소련은 최근 연방법을 개정하면서 국가 명칭에 '사회주의' 대신 '주권'을 명기하기로 했다. 민족 단위의 공화국들의 주권을 인정한다는 것인데, 이것으로 소련은 벌써 근대국가에서 벗어나고 있다. 주권을 새삼 강조하고 있음에도 불구하고, 그것은 역설적으로 근대국가의 인격이 와해되고 있음을 드러내고 있는 것이다.(1990년 말 소련 인민대표대회는 이 계획을 취소했으나 그것은 '근대국가의 방황'을 의미하는 것일 뿐이다.)

근대국가의 와해 증후군은 소련 뿐만 아니라 세계적인 규모에서 나타나고 있다. 동유럽의 대변혁에서 등장한 '인민의 권력(People's Power)' 현상이나 '인간 사슬' 뿐만 아니라 최근 페르시아만 사태의 다국적군 그리고 우루과이라운드에 반대하는 다국적 데모 등 그 증후군은 도처에서 속출하고 있다.

그런데 이것은 증후로서만이 아니라 현실로도 전개되고 있으니 유럽의 EC가 그것이다. 1992년에 정치 통합으로 들어가지만, 1990년 11월 소련, 미국, 캐나다를 포함한 유럽 34개국은 파리정상회담에서 '전유럽안보협력회의'를 구성했다. 2차 대전 후 전후 부흥을 위한 '유럽철강동맹'을 바탕으로 유럽은 서서히 하나의 경제 단위로 통합되면서, '유럽시민'이라는 탈국가적인 새로운 형식의 공동체 의식을 뿌리내렸다. 벌써 국경이라는 울타리가 제거되고 사회 통합이 가속화하고 있다. 이것이 동·서독의 통일을 불러 일으켰으며 독일의 통일은 다시 유럽 통합을 이끌고 있는 중이다.

전유럽안보협력회의는 여기서 한 걸음 더 나간 것이다. 비록 이 회의에 참석한 34개국의 국가 수반들조차 그들이 도달하게 될 목적지를 모르는 채, 가야할 방향에 합의한 것에 불과하지만, 변화의 흐름은 단호해서 대처 전 영국 수상으로 대표되는 국수주의를 도태시키고 있다.

전유럽안보협력회의 기본 틀은 집단안전보장이다. 근대국가란 영토

국가의 구성원리 가운데 핵은 적이다. 적이 없었다면 근대국가는 2백여 년 동안 버틸 수 없었을 것이다. 적의 존재가 피아를 가르고 경제를 번영케 했다는 뜻이다.

국가, 군사국가, 그리고 경제국가다. 신성불가침의 국토를 죽음으로써 수호한다는 이데올로기가 산업혁명으로 통합된 단일 경제권과 빈틈없이 결합한 나라가 근대국가다. 또한 국부가 곧 잠재적인 군사력으로, 군사와 경제가 맞물려 사회의 다른 모든 분야의 성격을 규정하면서 인간을 지배해온 것이 근대국가다.

국가의 구성원리 가운데 핵은 적이다. 적이 없었다면 근대국가는 2백여 년 동안 버틸 수 없었을 것이다. 적의 존재가 피아를 가르고 경제를 번영케 했다는 뜻이다.

따라서 근대국가들의 국제사회는 우적(友敵) 관계에 투철하다. A국과 B국이 C국과 D국에 대항해 전쟁을 하거나 힘의 균형을 유지해서 '무장평화'를 누린다는 세력 균형(Balance of Power)은 근대국가 2백년 동안 특히 국제사회의 구성원리로 정착했다. 중국을 섬기고 인접국과 친하게 지낸다는 사대교린이 동양 전통사회의 국제정치 원칙이었던 것과 대비된다.

집단안보는 바로 이 세력 균형을 수정하는 개념이다. 가까운 역사에서 그 실체를 살펴 보자. 2차 대전이 끝나자 미국은 적을 만드는데 고심했다. 승전 동맹국만이 남았을 뿐, 미국헌법이 규정하고 있는 적, '명백하고 급박한 위협', 즉 미국 사회를 통합해주고 군사·경제를 유지·확대해줄 적이 없었기 때문이다. 루즈벨트는 어차피 적이 없다는 현실을 토대로, 전성기 팍스 브리태니커(Pax Britannica-영국에 의한 세계 평화)가 한때 유럽대륙 국가간의 세력 균형을 밖에서 잡아주는 밸런서(Balancer)를 자처했던 것과 같은 발상으로 초월적인 미국을 상정했다. 이에 따라 전통적인 세력 균형 대신 미국이 주도하는 유엔의 집단 안보 체제가 등장했다. 이 집단안보도 모든 당사국을 하나로 묶는 대신 여기에 대립하는 적의 존재를 필요로 했다. 때문에 유엔헌장은 궁색하게도 전쟁으로 폐허가 된 독일과 일본을 '전적국(前敵國)'으로 규정해서 적으로 삼았다.

그러나 독일과 일본이 미국이 필요로 하는 명백하고도 급박한 위협이 될 수 없다고 본 애치슨 미 국무장관을 선봉으로 한·미 군산복합체는 소련을 적으로 만드는 작업을 시작하였다. 미국 내에서 매카시 선풍이 일고 한국전쟁이 일어나면서 집단안보 체제는 세계를 둘로 나누는 냉전 체제로, 이어 세력 균형 게임으로 돌아간 것은 우리가 아는 바와 같다.

적이 없었던 2차 대전 직후의 세계는 왜 다시 적을 만들어내면서 세력 균형의 세계로 되돌아갔을까? 또 그와는 달리 오늘날의 유럽통합은 왜 전혀 다른 전망을 갖게 된 것일까? 두말할 것도 없이 전자가 근대국가의 최고 형태로서의 제국주의를 세계적인 규모에서 완성하는 과정이었던 데 비해, 후자는 근대국가의 와해 과정을 반영하고 있기 때문이다.

루즈벨트가 구상한 '세계제국주의'는 미국이라는 근대국가의 본질에서 볼 때 비현실적이고 이상주의적이어서 배척되었다. 그리고 근대국가의 본질에 적합한 제국주의, 즉 서로 적대함으로써 각기 자기 영향권을 확보하는 이른바 '팍스 루소아메리카나(Pax Russo-Americana)'의 시대가 열린 것이다. 근대국가의 와해를 이해하기 위해서는 근대국가의 본질을 꿰뚫어 보아야 할 것이다.

근대국가는 자본주의와 사회주의라는 두 개의 이데올로기로 무장하고 민족주의에 호소하는 한편 밖으로는 완전한 적을 구비하고 있었다.

이런 근대국가는 지난 수백 년 동안 워낙 두터운 외투로 자신을 분장하고 있어서 좀처럼 그 본 모습을 드러내지 않았다. 그러나 냉전의 와해, 다시 말해 팍스 루소아메리카나 체제의 붕괴는 이 근대국가 고유의 운동법칙의 마비와 더불어 허물어지는 근대국가상을 내보이고 있는 것이다.

냉전의 종언이란 무엇인가? 그것은 미·소 적대의존 관계의 붕괴이다. 적의 존재는 근대국가의 정체성의 핵심이다. 이러한 근대국가의 국제 관계에서 미·소가 자신의 체제는 물론 세계 지배권을 유지하는 근거가 되었던 적대 관계를 포기했다는 것은 근대국가이기를 포기했다는 것과 같은 말이다. 동유럽의 대변혁이나 소련의 페레스트로이카의 전개과정이 바로 이것을 보여주고 있다. 하지만 이것이 적대의 한 쪽, 이른바 사회주의권에서만 일어나고 있다고 생각하는 것은 환상이다.

후술하겠지만 서방세계에서도 여기에 상응하는 현상이 이미 시작되고 있다. 구체적으로는 미·일간의 경제 마찰이 무엇보다 핵심적인 현상인데, 다만 아직 본격적인 국면에 이르지 않았을 뿐이다.

전체적으로는 미·일간의 경제 마찰의 본격화가 세계적인 규모에서

전체적으로는 미·일간의 경제 마찰의 본격화가 세계적인 규모에서 벌어지는 근대국가의 와해로 규정될 것이다. 그러나 우선 우리는 미·소 냉전, 미·소의 적대의존 관계가 어떻게 와해되었는가에서 출발하여 이것이 왜 근대국가의 와해를 의미하는 것인지를 해명해야 할 것이다.

벌어지는 근대국가의 와해로 규정될 것이다. 그러나 우선 우리는 미·소 냉전, 미·소의 적대의존 관계가 어떻게 와해되었는가에서 출발하여 이것이 왜 근대국가의 와해를 의미하는 것인지를 해명해야 할 것이다.

냉전의 종언

세계에서 빚을 가장 많이 지고 있는 나라는 주지하듯이 미국이다. 미국의 대외 부채는 1985년 말 1천억 달러를 상회하면서 눈덩이처럼 불어나기 시작했다. 불과 1982년만 해도 미국의 대외 순자산은 1천4백95억 달러로 사상 최고를 기록하고 있었다. 이 때부터 심상치 않은 일이 벌어진 것이다. 반면에 한 통계는 1987년 일본으로 1초에 1천7백 달러가 빨려 들어가고 있음을 보여준다. 이 수치는 석유파동 때 중동제국으로 몰려들던 오일 머니의 기록적인 초당 1천 달러를 능가한 것이라고 한다. 일본 노무라경제연구소의 하야시는 이른바 '팍스 브리태니커'의 영국이 몰락하던 일을 연상해서 이 사태를 '제왕순환(Imperial Cycle)'이라고 불렀다.

60여 년 전 파운드시대 말기에 영국에서 일어난 일이 레이건의 미국에서 재현되었다는 것이다. 억지로 달러강세, 고금리를 유치하여 세계로부터 마구잡이로 달러를 차입해들이는 등 기축통화국의 특권을 휘둘렀지만(제왕순환의 시초), 이로 인해 국제금융질서가 크게 흔들리고 있으며(1987년 10월 뉴욕증시 대폭락), 머지않아 자본의 미국 이탈이 격화되고 달러는 폭락을 거듭하게 될 것이라는 것이다(제왕순환의 종말). 1차 대전 후 군사력의 세계 배치 등으로 재정적자에 허덕이던 영국은 1925년에서 1930년에 이르기까지 금본위 기축통화국의 지위를 남용해 해외에서 자금을 끌어들여 재정수요와 국제수지 적자에 대응했다. 그러나 1931년 10월에 이르자 그 한계가 드러났다. 영국채의 세계적 대량 매각 사태가 발생하여 파운드는 폭락을 거듭했다.

영국은 금본위에서 이탈하면서 기축통화국의 지위를 포기하기에 이르렀다. 영국에서 미국으로 세계의 패권이 넘어간 것이다. 하지만 역사는 다시 미국에서 다른 나라로 패권이 넘어가는 평면적 이행이 아닌 전혀 다른 질적인 변화로 연결되고 있다.

1980년대 이후, 특히 월남전을 계기로 미국은 군사력의 세계 배치에 한계를 느껴왔다. 존슨에서 닉슨, 포드, 카터에 이르는 1960년 이후 미국 행정부는 나름대로 갖가지 세계 전략 개념을 내걸었다.

넘치는 힘을 주체하지 못하던 1950년대에는 전쟁일보전정책(Brinkmanship)을 주장하더니 점차 유연 대응 전략이니 하면서 조금씩 약세를 보였다. 그러다가 1970년대에 이르러서는 세계 배치를 사실상 축소하는 1.5전략을 기본 전제로 하게 되었다. 유럽에서는 전면전(1)에 대비하되, 아시아에서는 지역 분쟁(제한전쟁-0.5)만을 상정한다는 식이다. 그러나 그도 어렵게 되자 스윙(Swing)전략이라고 해서, 전쟁이 나면 여기저기 쫓아다니겠다는 발상도 나왔다.

이 같은 하향 추세는 결국 미국의 세계적 역할이 축소되어가는 과정의 표출이다. 이것은 1965년 세계 GNP에서 미국이 차지하는 몫이 31%였던 것이 1980년 24%로 저하되는 것과 일치하고 있다.

이 같은 객관적 상황이 레이건에게도 예외일 수는 없었다. 그러나 그의 처방은 크게 달랐다. 1987년 10월 뉴욕증시가 대폭락했을 때 갈브레이드 교수는 이렇게 말했다.

레이거노믹스의 당연한 결과이다. 무책임한 감세와 고금리에 바탕을 둔 레이건의 공급경제학은 막대한 무역적자와 재정적자로 귀결되었다. '신은 공화당 편이므로 잘될 것'이라고 믿고 있지나 않는지 한심스럽다.

세금을 줄이면 기업활동도 활발해져서 오히려 재정수입이 늘 것이라면서 공급경제학의 이론적 근거를 제시한 사람은 아더 레퍼 교수였다.

또 달러가치의 상승으로 국제수지 적자를 축소할 수 있다는 '통화론'은 밀턴 프리드만의 것이다. 최근 증권시장의 대폭락은 이들이 미국경제를 가지고 한 이론시험의 결과다.

레이건의 이 같은 정책은 뒤에 상론하겠지만, 한마디로 미국의 힘이 쇠퇴하는 현실을 인정하기를 완강하게 거부하고 축소 대신에 거꾸로 확대를 택한 것이다. 물론 이 같은 람보 스타일은 람보가 그렇듯, 레이건

개인의 취향이 아니라 미국이라는 근대국가의 와해의 일정 단계를 반영하고 있음을 간과해서는 안될 것이다.

이처럼 미국 힘의 동요를 막으려고 무리한 나머지, 레이건의 집권 8년은 극적인 동요가 불가피하게 앞당겨진 그런 시기로 규정된다는 데에 중요성이 있다. 레이건의 1기, 2기는 그 모습이 크게 다르다. 월남전의 패배와 이란혁명으로 '약한 미국'에 실망해서 복고풍조가 만연한 미국민에게 1950년대의 서부극 스타 레이건이 벌떡 일어나 국민의 향수에 불을 지필 수 있었다는 점은 조금도 이상하지 않다. 레이건 1기에는 우선 소련을 '악마의 제국'으로 규정하였다. 대규모 군비증강 노선의 정치적 표현이다.

레이건은 군사지출 5개년 계획(1983~1987년)을 세워 1조6천억 달러라는 방대한 군사비를 계상했다. 1980년에 세계 전체의 군사비 지출이 5천억 달러라는 점을 감안하면 그 규모의 팽대함을 짐작할 수 있을 것이다.

미국의 군사비 지출이 GNP에서 점하는 비율은 2차 대전 이후 줄곧

감소 추세에 있었다.(1950년대 10%, 1960년대 9%, 1970년대 8.9%) 특히 카터가 주한미군 철수를 논의하던 1979년은 5.0%에 머물고 있었으나, 레이건은 이것을 1987년까지 7.8%로 다시 바짝 끌어올릴 것을 계획했다. 실제로 1987년 군사비 지출은 7.5%에 달했다. 그러나 결과적으로는 턱없는 군사비 지출의 강화로 레이건이 내건 '강한 미국'을 실제로 떠받혀야 할 민간 경제는 여지없이 축소재생산의 위기로 빠져들었다. 군사비 지출의 이 같은 강화와 더불어 레이건 1기의 또 하나의 특징은 고금리에 있다.

애초에 실세를 크게 웃도는 레이건의 고금리는 경제적 현상이 아니라 전략이었다. 막대한 재정수요를 보충하기 위해 거액의 국채 발행을 인플레 없이 해내야 한다는 상호모순된 과제는 통화공급 자체를 크게 억제함으로써 달성되었다. 그리고 통화공급 억제가 불러온 고금리는 해외 달러의 미국 유입 현상을 유도한 것이다.

그러나 한 때 연 20%를 웃돈 이 비정상적인 고금리로 인해서 미국의 산업은 투자위축과 내구소비재 수요감퇴라는 이중의 타격을 받았다.

이 같은 레이건 전략을
한마디로 조감해 보면,
군비증강에 최우선
순위를 두고 고금리로
일본과 서구의
경제 역량까지
끌어들여
군비증강을 통한
경제 활성화를
기도한 것이다.
그러나 바로
여기에서 좌초되었다.

특히 자동차, 철강, 통신, 전자 등과 농산물 수출이 크게 피해를 입었다. 일반 제조업뿐만 아니라 하이테크 부문에서도 미국의 우위는 붕괴되었다. 1986년 미 의회 보고서에 따르면, 1980년에 2백70억 달러의 흑자를 보였던 이 부분도 1985년에는 40억 달러를 마지막으로 적자로 전락했다. 전체적으로 미국 산업의 대외 경쟁력은 레이건 1기가 끝난 1985년에 1980년 대비 40%가 위축되었다는 놀라운 결과를 낳고 말았다.

이 같은 레이건 전략을 한마디로 조감해 보면, 군비증강에 최우선 순위를 두고 고금리로 일본과 서구의 경제 역량까지 끌어들여 군비증강을 통한 경제 활성화를 기도한 것이다. 그러나 바로 여기에서 좌초되었다. 대대적 군비증강이 레이건이 자랑스럽게 내건 '미국 경제의 재활성화'와 연결될 것이라는 레이거니즘의 마지막 고리는 끝내 연결되지 못했다.

레이건의 군확(軍擴)경제는 사상 최악의 재정적자와 무역적자로 귀결되고 만 것이다. 이것은 동시에 군비증강-군사관련산업 호황-경제 전방의 활황이라는 근대국가적 확신의 붕괴이기도 해서 주목을 받고 있다.

1981년 '전쟁비용증가의 법칙'이라는 개념이 태어났다. 미·소간 군비경쟁의 악순환적 비용 앙등의 결과이다. 예컨대 최신예 전략 핵 폭격기 B-1의 가격은 대당 20억 달러에 달한다. 개발비를 포함하여 2천억 달러를 들여 1백기를 제조한다는 이야기다.

2차 대전에 비해 폭격기가 2백배, 전투기가 1백배 이상, 항공모함이 25배, 탱크가 15배라면, 이 살인적, 아니 살국적 군비경쟁은 정상적인 경제 논리와 공존할 수가 없다. 순전히 추세 선만 따라가면 2020년에는 비행기 한 대를 개발·제작하는데 미 공군 예산 전부를 쏟아부어야 한다는 계산이 나오고 있다. 군비 산업은 점점 더 일반 경제와 분리되면서 공급과 수요에서 외화되고 있는 것이다. 그러나 미·소 군사 체제는 계속 더욱 정교하고 독특한, 숫자가 많지 않은 새로운 것을 요구하다가 결국엔 몰락의 길을 걸을 것이다.

그러나 레이건 군확경제의 핵심은 2기로 접어들면서 내놓은 SDI(전략방위구상, 이른바 별들의 전쟁)였다. 앞으로 첨단기술의 발전에 따라 구체화될 지구궤도의 군사화를 전제로, 미리 양과 질에서 경쟁의 원칙을 정해놓고 게임을 시작하자는 것이다. 다시 말하면, 앞으로 이런 저런 우주무기가 생겨날테니 미국과 소련이 의논하여 어떤 성능의 것을 얼마만큼 개발할 것인가를 미리 정해두자는 것이다. 아직 낳지도 않은 아들딸을 두고 정혼을 하자는 셈이다. 갑자기 미·소 사이가 돈독해져서가 아니었음은 물론이다.

군축이란 군사력을 정치력으로 치환하는 고도의 정치 행위다. 1925년 워싱턴군축회담에서 미국과 영국 그리고 일본의 전함 수를 규정해서 힘의 관계를 제도화한 것이라든가 또는 1949년 소련이 원폭을 개발하자 제네바군축회담에서 미·소가 동등한 발언권을 갖게 된 것 같은 사례가 바로 그것이다.

또 미·소간의 핵 군축은 자신들에 의한 정치적 세계 분할이 최종적인 목표였다. 미·소간 전략 핵 협상으로 조정한 세계 작전 지도가 그대로 세계 정치 지도가 된다는 가정이다.

그러나 현실 세계의 정치 규정력은 다양해서, 미·소의 희망에도 불구하고 핵 능력이 그대로 정치 역량으로 치환되지는 못했다. 이른바 핵 겨울(Nuclear Winter)로 상징되는, 승자도 패자도 없다는 핵의 무차별성은 그 천문학적인 비용과 함께 근대국가 체제에서의 전쟁과 전쟁 준비의 역할이라는 체제의 본질 문제를 제기한 것이다.

한마디로 전쟁과 전쟁 준비는 그 수단과 목적 사이의 균형이라는 개념을 무시해버리면 존재할 수가 없다. 전쟁과 전쟁 준비가 근대국가 체제를 건강하게 유지하는 생산적인 소모로 규정되는 것은 이것이 국가의 경제권 밖에서 작용하면서도 경제 잉여의 처리 등 경제 일반에 귀속되거나 재생하기 때문이다. 그러나 군사비용증대의 법칙이라는 새로운 현상이 전쟁 법칙의 자기전개속에서 태어난 것이다.

핵무기 분야에서 이른바 균형, 억제, 핵겨울 등 전통적인 군사상에서 처리되지 못한 현상과 더불어 전술한 B-1폭격기의 경우는 현대 군사상의 본질적 위기를 의미하는 것이다.

이 같은 흐름은 냉전 와해의 전단계로서 미·소간에 전례없는 핵의 폐기와 철거(INF조약체결과 전략핵반감협정)로 나타났다. 특히 이 점이 패권을 추구하는 강대국 근대국가 체제의 위기로 나타나, 세계의 중심이 아시아로 옮겨가고 있는 현상과 더불어 오늘의 세계가 보여주고 있는 근

전쟁과 전쟁 준비가 근대국가 체제를 건강하게 유지하는 생산적인 소모로 규정되는 것은 이것이 국가의 경제권 밖에서 작용하면서도 경제잉여의 처리 등 경제 일반에 귀속되거나 재생하기 때문이다.

본적인 변화의 시발이 된 것이다.

그럼에도 불구하고 이런 흐름에 역행하여 레이건은 미·소가 기왕에 구체화 단계로 들어선 우주무기 개발 경쟁을 양성화할 것을 1984년 이후 줄기차게 소련에 요구했다. 소련이 응해야 소련의 위협 증대라는 갑작스런 현실성이 생겨 그 계획이 국내외에서 추진력을 갖게 된다는 것이다. 미·소 관계의 본질적인 상호간의 적대의존에 따른 발상이다.

SDI의 의미는 바로 이것이다. 2차 대전 후 미·소의 이데올로그들은 미·소간의 적대가 현대 세계 질서의 기본구조라는 인식을 확립했다. 그러나 이것은 미·소가 대전으로 획득한 기득권을 유지·확대하기 위해 서로 상대방을 적대하는 체제를 구축해온 것일 뿐이다. 실제로 이들이 이 같은 적대를 자기 지배권 유지의 수단으로 이용해 왔다.

냉전의 와해 전에는 냉전이건 데탕트건, 군축이건 군확이건, 이 모두가 이 같은 지배 구조의 각기 다른 정책 대응이었을 뿐이다. SDI는 이 같은 구조가 낳은 발상의 정점이었다. 미국은 소련의 위협을 평계로 일본을 비롯한 서방 선진국들을 이 게임에 전면 참여시켜 미국의 군사 첨단기술이 주도하는 새로운 국제 군산복합체를 만들겠다는 것이었다. 일본과 유럽의 경제·기술 역량이 여기에 동원되면 미국과 수직적 하청 관계가 형성되면서 서방세계에는 미국 정치를 정점으로 하는 거대 국제 군산복합체가 생기는 셈이다. 이것이 소련판 국제 군산복합체와 대치, 적대의존 관계가 형성되면서 세계는 새로운 미·소 체제에 진입하게 된다는 스토리였다.

레이건은 두 번의 임기가 끝나도록 이 야심적인 계획을 성사시키지 못했다. 뿐만 아니라 미국 경제에 치명타를 입혀 세계를 질적으로 바꾸어놓는 동기를 제공한 셈이 되었다.

소련도 사정이 좋지 못했다. 1970년대 후반 최신예 미사일 SS-18의 대량 배치로 절정을 이룬 소련의 핵 군비 확장은 레이건 군확경제의 반격을 받아 단계적 확대를 계속해야 했다. 이로 인한 방대한 군비 증가가 고질적인 구조적 농업생산 부진, 경직된 관료주의적 경제 운영과 더불어 소련 경제를 장기 침체로 몰아넣었다.

1986년 27차 당대회에서 고르바초프는 "1970년대부터 어려움이 시작되었으며 경제성장률도 눈에 띄게 저하되어 9차와 10차 5개년 계획의 목표도 낮게 설정되었으나 달성하지 못했다"고 토로하면서, 소련의 재정도 미국 못지 않은 어려운 상황에 있다고 지적했다.

이러한 사정은 외교적으로도 표현됐다. 소련은 노골적인 아프리카 진출, 베트남의 캄보디아 침공 지원, 아프가니스탄 침공 등 힘의 정책을 폈으나 제3세계의 불신만 가중시켜 왔다. 이에 따른 반작용으로 등장한 고르바초프는 20여 년 만에 당 강령을 크게 개혁하여 1990년까지 국민 소득을 배가하겠다는 공약으로 대표되는 '현실 노선(개방에 의한 개혁)'을 내걸게 된 것이다. 한마디로 미·소의 냉전 체제는 양측의 체력 소모로 끝나면서 냉전 시대의 종언을 마련한 것이다.

아시아·태평양시대의 뒤안

냉전의 종식이란 다른 말로 미·소의 쇠퇴와 일본의 발흥이다. 레이건과 브레즈네프가 내리막길에 들어선 제국의 쇠퇴를 결정적으로 가속화시키는 마지막 군비경쟁에 열중하던 1980년대 전반부터 세계는 변하기 시작했다. 1980년 아시아·태평양 지역이 세계 GNP에서 차지하는 비중은 7.8%에 불과했으나 1982년 16.4%로 배증했다. 1960년 미국의 아시아·태평양 교역은 유럽의 48%이었으나, 1983년 122%가 됐다. 이로써 미국은 인구와 소득 분포를 태평양 쪽으로 재배치했다.

경제를 따라 미국의 중심이 동부에서 서부로 이동한 것처럼 세계의 중심은 유럽에서 아시아로 이동하고 있었다. 그러나 이 이동은 단순 이동이 아니라 세계를 질적으로 변화시키는 대변혁의 시초였다.

그 내용은 미·일의 역전이자 미·일 경제 마찰이다. 제국주의 국가 간의 모순은 1,2차 세계대전을 일으켰다. 그러나 이제 다시 미·일의 모순이 천하대동란의 초래를 예상케 한다고 해도 무리는 아니다.

그 단초를 다시 한번 레이건에서부터 살펴 보자. 팍스 아메리카나의 미국은 기본적으로 대서양국가다. 레이건이 일본에 태평양의 일부를 떠넘기려 했던 것도 대서양이 더 중요하다는 고정관념 때문이었다. 특히 월남전이 끝날 무렵 미국의 세계 군사 배치 역량은 대서양과 태평양의 반쪽(국지전쟁)을 담당하는 '1.5'에도 못 미치고 있었다. 이 같은 흐름 위에 카터의 주한미군 철수론이 나온 것이 당시의 상황이었다. 그러나 새로 등장한 강경파 레이건은 '2'를 고집했다. 모자라는 '0.5'는 일본에게 떠맡기면 된다는 것이다.

이 같은 일본 끌어들이기 정책은 한반도 긴장완화를 통한 미·일 주축 구상으로 즉각 나타났다. 한·미·일 삼각 군사 동맹설이 나돈 것도 이때다. 레이건이 1980년 취임하자마자 최초의 외국 원수로 전두환과 스즈키 일본 수상을 만난 것도 이 때문이었다. 당시 일본이 한국에 1백억 달러 혹은 60억 달러를 원조할 것이라는 이야기가 널리 보도되었다. 일본의 상투적인 시간끌기로 사실상 무산되었으나, 이것은 레이건의 아시아 전략의 일부였다.

레이건 1기의 아시아 전략은 일본이 미국을 대신해서 아시아 방위를 맡는다는 것을 기본 구상으로 하고 있다. 태평양 서쪽 입구인 말라카 해협에서 동쪽으로는 괌, 남쪽으로는 필리핀, 북쪽으로는 한반도에 이르는 동아시아 일원에 일본의 군사력을 배치한다는 것이다. 여기에는 연간

6백억 달러가 소요되는 것으로 산출되었다. 레이건 구상대로라면, 일본은 일거에 당시 GNP의 2%를 국방비로 투입하게 되어 침체에 허덕이던 일본 중화학공업에 활력을 불러올 것이며 동아시아 일대가 그대로 일본의 영향권 하에 놓인다는 것을 의미하기 때문에 일본 정부로서도 반대할 이유가 없다고 본 것이다.

그러나 일본의 사정은 달랐다. 일본이 이 같은 미·일 관계를 형성한다면 동아시아 일원에 배타적인 권한을 갖게 되지만 그 대신 중·소와 적대하게 되는 동시에 정치·경제적으로 종래의 이른바 '전 방위 체제'를 포기, 대미 의존이 심화되는 것을 의미했다. 보다 근본적으로 '경제 초강대국' 일본은 이미 세계 전체를 시장으로 하는 확대재생산 체제에 있었을 뿐 아니라, 국방비가 GNP의 1%이내여야 한다는 국내 정치의 벽에 부딪쳐 레이건의 꿈은 빗나가고 말았다.

군비 확장이 미국 경제를 재활성화할 것이라는 논리의 붕괴와, 세계 중심이 유럽에서 아시아로 옮겨가고 있는 터에 유럽을 중심으로 한 세계 전략이라는 방향 착오는 레이건 사무실에서 벌어진 해프닝이 아니다. 이것은 4~5년의 세월에 걸쳐 미국이 그 역량을 총동원해서 밀고 나간 정책이니 만큼 그 실패가 미국과 세계에 준 충격은 엄청났다. 그리고 바로 이 엄청난 실패가 근대국가의 와해라는 세계의 질적 변화로 연결되고 있다는 것이다.

레이건이 "소련과 세계 분쟁에 함께 개입하는 관계가 바람직하다"라고 레이거니즘의 포기를 선언한 것은 1985년의 일이다. 1987년 말에는 제2세계와 제3세계 지배를 위해 그토록 심혈을 기울이던 중거리핵미사일배치(INF)를 전면 철수하는 데 소련과 합의해 버렸다.

고르바초프의 '개혁에 의한 개방'은 바로 이때 유럽에서 미국의 힘이 약화되어 가는 변화를 그가 감지한 데서 비롯되었다는 것이 소련 개혁파의 설명이다.

1986년부터 레이건은 달러의 평가절하를 가속화하는 한편, 온갖 수단을 다해 수입개방 압력을 강화해갔다. 일본과 서독뿐 아니라 아시아의 신흥공업국가 등 경제 구조가 대미 의존적인 국가에 대해 달러의 기축통화적 성격을 활용하여 미국 내의 불황이든, 인플레든, 적자든 모든 경제적 짐을 나누어 전가시키려는 수법이었다. 레이건의 이 위기 탈출은 닉슨이 당시 달러와 금의 연계(태환성)를 내던져, 다시 말해 달러의 위신을 버리는 대신 실리를 취했던 것보다 훨씬 절박했다.

또 형식에서는 뒤늦게 제국주의 채비를 차린 미국이 태평양을 건너와 보니 유럽 열강과 일본이 이미 식민지 분할을 끝낸 뒤여서 이른바 문호개방을 요구했던 전세기(前世紀) 제국주의 쟁패를 연상시킨다.

게임의 룰을 새로 정하자고 밀고 나와 국면을 타개하려는 수법은 요즘 우루과이라운드에서도 한창이다. 하지만 중요한 것은 마치 1,2차 대전을 통해 영국에서 미국으로 제왕순환이 이루어졌듯, 이 같은 미국의 정책은 자신의 몰락 과정에 다름 아니라는 점이다. 그러나 지금 우리 눈앞에서 재현되고 있는 제왕순환, 즉 세계 규모의 권력이동은 전세기처럼 'A국에서 B국으로'가 아니라 권력 체제 자체의 붕괴, 즉 근대국가의 와해로 귀결되고 있는 것이다.

미 · 일 경제 마찰은 두 가지 점에서 근대국가의 와해를 촉진하고 있다. 미국은 일본에 1)수입 규제, 2)환율 조정, 3)일본 경제의 내수화의 게임의 룰을 새로 정하자고 밀고 나와 국면을 타개하려는 수법은 요즘 우루과이라운드에서도 한창이다. 하지만 중요한 것은 마치 1、2차 대전을 통해 영국에서 미국으로 제왕순환이 이루어졌듯、 이 같은 미국의 정책은 자신의 몰락 과정에 다름 아니라는 점이다。

순으로 압력을 가했다. 그러나 일본은 여기에 맞서 1)생산 기지를 미국으로 옮겼으며, 2)기업 체질의 개선으로 엔고를 극복했고, 3)세계를 생산기지화한 일본 기업들 자신이 내수 중심으로 일본으로 역수출한다는 전략으로 대응하고 있다.

결과적으로 미국의 대일 압력은 일본 기업의 체질만 더욱 강고하게 만들었고, 일본을 중심으로 한 생산 기지의 세계화와 세계시장의 단일화라는 현상을 빚고 말았다. 생산 기지의 세계화와 세계시장의 단일화는 경제적 의미의 국경을 허물어, 근대국가의 속성 가운데 하나인 '경제국가'라는 개념을 붕괴시키고 있다. 일본 저널리즘이 만들어낸 보더레스(Borderless)라는 신조어의 의미가 바로 이것이다.

미국이 심혈을 기울이는 우루과이라운드도 단위국가 경제권을 인정하지 않겠다는 의지의 강한 표출이다. 그러나 중요한 것은 앞으로의 미·일 경제 마찰의 전개다. 미국 언론들은 1991년 미국 대통령 선거의 최대 쟁점이 미·일 마찰일 것이라고 예상하고 있다. 수입 규제에서 환율 조정, 경제구조 조정 등의 정책 수단이 이미 미국 경제 회생의 근본적인 처방일 수 없다는 점이 명백해지고 있는 시점이니 만큼 앞으로의 미 · 일간 마찰의 전개가 문제다.

미 · 일 마찰의 논리

미국 경제에 적신호가 켜졌다. 미국은 1985년 이래 재정적자와 무역적자라는 쌍둥이 적자로 허덕이면서도 지난 5년 동안 그런대로 호황을 누려왔다. 그러나 경기순환이 내리막길에 들어서자마자 그간 워낙 허약체질이 되어버린 탓에 몸살을 시작했다.

주택을 비롯한 내구소비재 수요가 줄어들고 있다든가 감원 선풍이 불고 실업률이 치솟는다든가 하는 전형적인 미국 경제 순환의 경기 후퇴 양상은 문제가 아니다. 1990년 7월 이래 석 달째 실업률이 0.5%씩 상승한 것도 드문 일이다. 중서부나 남부 주에서는 실업률이 7%를 웃돌고, 미국 전체에서 이 석 달 동안 5만 명이 일자리를 잃었다. 그렇지만 문제는 수요감퇴와 실업이 아니라 돈이다.

세계적인 규모로 금융 위기가 진행되고 있다. 그리고 이것이 미국의 경기 후퇴와 페르시아만 사태와 겹쳐 회오리를 만들고 있는 것이다. 1989년에도 일본의 기관투자가들은 2백60억 달러의 미 정부채권을 사들였다. 미국은 정부채권을 팔아 재정적자를 메우고 있는데 일본 돈이 그것을 소화해냈다.

지금 미 정부채권의 3분의 1을 일본이 갖고 있지만, 1990년 들어서는 일본도 사정이 여의치 못하여 상반기에 겨우 90억 달러어치를 사갔을 뿐이다.

1989년 11월 이래 최근까지 일본의 주식시장이 대폭락을 계속하여 11개월 동안 주가의 40%나 날아간 여파 때문이다. 일본 주식시장에서 40%라면 약 2조 달러이다. 여기에 간담이 서늘해진 일본인들은 미국과 세계에 풀어놓은 돈을 거둬들이기 시작했다.

오늘날 세계 문제의 핵심, 즉 세계를 움직이는 가장 큰 동인은 세계적 부의 집중이다. 소련의 개혁, 동유럽의 대변혁, 유럽통합, 페르시아만 사태, 남북문제, 환경문제에 이르기까지 그 경제적 측면은 이 부의 집중에 원인과 결과가 서로 얽혀 있다.

부의 집중이란 지난 1980년대의 10년 동안 세계의 돈이 일본으로 몰려든 것을 지칭하는 것이다. 이 시기에 미국이 적자에 허덕였던 것과는 반대로 일본은 흑자를 구가하며 세계의 부를 긁어모은 것이다. 1970년대에 갑자기 상승한 유가를 세계 여러 나라가 짜내다시피 지불했다. 이 돈의 큰 줄기가 이른바 유러 머니라는 국제 유동성 통화로 자리잡았는데, 이 돈을 다시 일본이 거머쥐어 오늘날 이른바 재팬 머니가 세계 금융을 지배하게 된 것이다. 소련의 경제 개혁안을 내놓은 샤탈린이 세계 자본의 40%를 차지하고 있는 일본과의 경제 협력을 언급하고 있는 것도 바로 이러한 맥락에서다. 다시 말해 1970년대의 두 차례의 석유파동이 계기가 되어, 세계의 자본이 집중되기 시작한 것이다.

1989년의 유엔경제특별총회는 지난 1980년대가 후진국 일반에게는 '잃어버린 10년'이었다고 규정했다. 석유파동과 무역전쟁을 통해 결국 일본으로 세계의 부가 집중되었다는 이야기의 뒷면이다.

한 나라 경제에서도 부의 집중은 불길한 공황의 징조로 간주된다.

한 나라 경제에서도 부의 집중은 불길한 공황의 징조로 간주된다. 대표적 예가 1920년대 말의 대공황으로 당시 미국에서는 상위 1%의 부자가 국민소득의 36%를 차지하고 있었다. 부의 격심한 집중은 우선 투기를 부른다.

대표적 예가 1920년대 말의 대공황으로 당시 미국에서는 상위 1%의 부자가 국민소득의 36%를 차지하고 있었다. 부의 격심한 집중은 우선 투기를 부른다.

일본 국민경제를 보면 1985년 주식과 자산(부동산) 가격의 상승분은 1백7조 엔에 달했다. 같은 해 일본의 명목 GNP는 3백16조 엔이었다. 이것이 1986년에는 3백66조 엔(명목GNP 3백30조 엔)으로 증가되었다. 1989년 현재 일본의 부동산 가격은 약 15조 달러로 추산된다. 미국의 1/25의 국토에 해당되는 땅값의 4배, 즉 일본과 미국의 지가는 100대 1이다.

1990년 주가 대폭락에 이어 1990년 하반기부터 하늘 높이 치솟았던 부동산 가격의 급상승분, 즉 부동산 가격의 거품이 소멸되는 현상이 눈에 띄게 나타나고 있다. 20%내지 30%가 깨져나갈 것이라고 예측하고 있으며, 30%, 즉 5조 달러 이상이 공중분해되면 일본 경제는 공황 상태가 될 것으로 우려하고 있다.

이 우려는 일본의 우려라기보다 세계 경제의 우려다. 강대국들의 경제적 어려움이 경제민족주의를 강화해서 보호주의와 블록화라는 근대국가의 강화 쪽으로 움추려드는 것이 아니라 반대로 근대국가 체제를 파괴시키고 있는 데 주목하지 않으면 안 된다. 그러나 여기에서 다시 세계 경제의 위기 구조의 전체상을 조감해볼 필요가 있다.

세계의 다수 또는 민중이랄 수 있는 후진국, 다시 말해 제3세계가 지난 10년을 '잃어버린 채로' 있고 현실 사회주의권이 대변혁의 와중에 있다. 이들에 둘러싸인 미국과 일본 그리고 서독 등 유럽의 몇 나라와 더불어 동아시아의 신흥공업국이 자본주의 세계의 경제 위기 게임에 열중하고 있을 뿐이다.

그리고 중요한 것은 이 위기 가운데서도 가장 약한 고리가 바로 동아시아 신흥공업국, 이 중에서도 한국이라는 점이다. 왜냐하면 이 위기 게임의 두 주역인 미·일의 경제 무역 마찰이란 한국 경제라는 새우등을 터뜨리는 두 고래의 싸움이기 때문이다.

조립수출주도형 경제의 전말

미·일의 경제 마찰은 벌써 몇 년째 우리 정치·경제에 충격을 주면서 사회를 표류시키고 있다. 왜 우리 사회가 미·일 모순의 한가운데 있는가? 앞으로 미·일 모순의 격화는 우리 사회를 어디로 몰아갈 것인가? 여기에 접근하기 위해서는 우리는 우선 숙명적인 한·미·일 삼각관계의 기본 틀을 정리해 볼 필요가 있다.

– 아시아적 무역구조 한·미·일 삼각구조의 기본 틀

한·미·일 삼각관계가 처음으로 매듭된 것은 1905년 태프트-가쯔라 협정일 것이다. 미국이 필리핀을, 일본이 한국을 배타적으로 장악하기로 밀약한 이 협정은 미국의 아시아관, 한국관을 처음으로 규정했다는 데 의미가 있다.

이어서 중요한 것이 1차 대전 후 1925년에 개최된 워싱턴군축회담이다. 이 워싱턴군축회담으로 미국은 아시아에 본격적으로 진출하게 되었다. 서구에서 먼, 따라서 이해관계가 중·근동이나 동남아보다 덜 중요한 이른바 극동이라는 이 지역에서는, 영국이 '소련의 남하'라는 가상적에 대항해 일본을 대리인으로 삼아 영·일동맹체제를 만들어냈다.

여기에 미국이 워싱턴군축회담으로 끼어들어 영·일·미 3자 관계를 이루면서 사실상 영·일동맹을 와해시킨 것이다. 3국의 전함 배치를 영·미·일이 5:5:3으로 규정하면서 소련이라는 가상적을 놓고 서로 협력하기로 한 것이다. 이것은 명백히 이 지역에 대한 일본의 독주에 쐐기를 박은 것이다. 이로부터 미일전쟁의 채비가 되었다.

2차 대전 후에 한·미·일 관계는 직접적인 하나의 틀속으로 들어가게 됐다. 우선 신탁통치 문제이다. 부르스 커밍스는 『한국전쟁의 기원』에서 이 부분을 극명하게 밝히고 있다. 1943년에서 1950년에 이르는 이 시기는 전후 한·미 관계뿐만 아니라 국제정치 일반에 가장 중대한 규정성을 갖는다. 커밍스는 그의 저서에서 미국 내에서 종전 구상을 놓고 루즈벨트 대통령과 애치슨의 국무부가 대립한 것에 주목한다.

한반도 처리 문제를 놓고 루즈벨트는 신탁통치를 구상했지만 국무

그러나 커밍스는 미국의 이 국제주의와 민족주의가 전후 미·소 체제와 어떻게 연결되는지는 밝히지 못하고 있다. 커밍스가 말하는 국제주의란 미국이 세력균형 대신 집단안보를 통해 자국이 지배하는 단일 제국을 구상한 것을 의미한다.

성 쪽이 이를 깨고 나오는 과정을 커밍스는 소상히 그려내면서 루즈벨트를 국제주의로, 국무성을 민족주의로 묘사하고 있다.

그러나 커밍스는 미국의 이 국제주의와 민족주의가 전후 미·소 체제와 어떻게 연결되는지는 밝히지 못하고 있다. 커밍스가 말하는 국제주의란 미국이 세력균형 대신 집단안보를 통해 자국이 지배하는 단일 제국을 구상한 것을 의미한다. 이에 따라 세력균형이라는 개념을 이른바 집단안보 개념으로 대신한 새로운 세계 질서가 유엔헌장에 규정되고, 전전 국들이 점령 통치되고, 이 식민지들은 신탁통치 과정을 거쳐 독립시킨다는 발상이 나온 것이다.

민족주의자들은 미국의 유효한 세계 지배를 보장하는 동기를 부여할 것 같지 않은 루즈벨트 체제에 반기를 들었다. 그리고 소련을 적으로 하는 작업을 강행한 것이 오늘의 미·소 체제의 시발이었다. 애초에 독일, 일본 등 전적국을 적으로 한 나토, 시토에 이어 바르샤바조약기구 등이 각기 미·소를 적으로 하는 군사 동맹으로 변했다. 따라서 한국의 신탁통치도 반대한 것이다. 미국 내의 매카시 선풍이나 냉전 이데올로기들의 활동이 여기에 조응했다.

　소련을 적으로 하는 이 작업의 아시아판은 커밍스의 논문 「동북아시아 정치경제(Political Economy)의 기원과 전개 : 산업 부문, 제품 사이클, 그리고 그 정치적 결과」(1984년 겨울 International Organization 38)에 상세히 설명되어 있다. 이 논문에서 커밍스는 "무엇보다 의미심장한 조치는 삼각무역 구조의 형성이었다. 미국-중심부, 일본-반주변부, 동남아-주변부라는 삼각무역이 여러 상품의 생산비용을 절감시킬 것(NSC 68호)"이라고 강조하고 있다.

　미국은 전후 일본에 대하여 "일본이 다시 남쪽으로 어느 정도 제국주의적인 재진출을 할 수 있도록 길을 열어주지 않으면 심각한 문제가 생길 것이다. 서방세계의 우리가 석유나 중요 원자재 등 일본의 수입에 대한 통제력을 현명하게 행사할 수만 있다면 일본의 행동 전반에 걸친 거부권을 가질 수 있을 것이다"(조지 F. 케넌;1949년 국무성 정책기회참모회의 기록)라는 전망이 제시되었다.

　일본 경제의 원활한 재생산을 위해 동남아를(1949년 중국 통일 이

전에는 한반도와 만주 쪽이 제시되었다), 이른바 후방 지역(Hinterland)으로 제공한 것이다. 케넌의 유명한 「X 논문」(1949)은 여기 더해서 '일본에 적대적이 아닌 한반도'라는 개념을 주장한다.

미국이 일본으로부터 위협받지 않기 위해서는 일본이 재무장의 유혹을 받지 않도록 완충적인 방향으로 한반도 체제가 설정되어야 한다는 논리다. 여기에서 전후 한·미·일 관계가 기본적으로 구상되었다. 남한의 국내 체제가 이 같은 미국의 그림 아래 일제하 구식민지 체제의 재생이라는 성격을 갖게 된 것은 물론이다.

6·25전쟁은 세계 체제를 여기서 한발 크게 진전시켰다. 애치슨 미국무장관은 1954년 "한국이 나타나 우리를 구했다"고 회고했다. 이때 '우리'에는 일본이 포함된다.(B. 커밍스)

전쟁의 발발은 미국 지배 체제 내의 국제주의는 물론 전쟁 후의 국가적 염전(厭戰) 분위기와 평화 분위기를 일소해 버렸던 것이다. 6·25는 특히 소련에 대한 미국의 봉쇄 전략 배치를 완결케 만들었다. 한국은 터키, 그리스 등과 함께 미국의 세계적 전진기지라는 전략 거점이 되었다.

전진기지란 제한된 항속거리를 가진 미국의 전략폭격기(B-29, B-52)가 소련 중심부의 전략목표를 공격하고 돌아올 수 있는 거점을 말한다.

이 같은 한국의 전략적 위치는 그 후 일관되게 한·미 관계의 기초가 되면서 한·미간의 경제·정치 관계를 규정했다. 1945년에서 1965년에 이르는 이 시기는 한마디로 전진기지 한국을 미국의 군사·경제 원조로 지탱시켜 온 미국의 일방통행의 시대다.

- 중심·반주변·주변의 성립과 와해

1965년은 한국 현대사에서 숙명적인 해이다. 미국의 종용으로 한·일조약이 이루어져 미·일·한관계가 중심-반주변-주변이라는 체제속으로 들어서게 되었다. 또 월남전에 한국이 참전한 것이다.

1974년 서울의 어느 일본 상사원은 한일회담 후 10년 동안 일본 관광객이 한국에 와서 유흥비로 뿌린 돈이 3천억 엔대에 이르며, 이것이 한국 지하경제의 원류가 되었다고 말한 적이 있다. 어찌 지하경제뿐일까?

일본의 진출은 우리가 일본을 올바로 청산하지 못했기 때문에 지하에 잠복하고 있던 이 땅의 일본 제국주의가 부활하여 국가 방향에 결정적인 영향을 끼치게 된 것이다. 한일회담은 일본 입장에서 보면 한국을 엔 경제권에 편입시키는 교두보의 구축이다. 그러나 이쪽에서 보면 단순한 숫자나 경제권 편입 이상의 의미가 있는 것이다.

일본의 한국 진출은 월남전을 둘러싼 한 · 미 관계의 전개가 촉매 역할을 하면서 일본 군국주의의 복사판을 이 땅에 재현해냈다. 1972년 자립경제, 자립국방을 내건 중화학공업 선언과 유신 선포는 표리 관계로서 월남전에서 패배한 미국이 주한미군을 철수하려하자 이에 대항코자 한 것이었다. 아무튼 이런 흐름은 경제뿐만 아니라 우리 사회 전체에 일본 군국주의를 부활시키면서 1979년의 파국으로 치달았다.

한 · 미 외교사에서 가장 심각한 국면이었던 박정희 말기에 작성된 미 의회 프레이저 보고서는 월남전이 직 · 간접적으로 한국에 끼친 영향들이 어떻게 한 · 미 · 일 체제에 투영되고 있는가를 보여주고 있다.

1965년 월남전 참전 이래 워싱턴은 동맹군을 전쟁에 개입시키고자 노력했다. 이런 발상이 한국 정부에서 처음 나왔다는 미 정부의 보고가 있지만, 이른바 깃발 모으기다. 한국은 1973년까지 약 5만 명의 전투병력을 파병했고, 그 대가로 10억 달러를 받았다. 한·일 회담이 10년에 걸쳐 3억 달러의 무상, 5억 달러의 차관을 제공한 것과 비교하면, 이 월남특수가 한국 경제에 어떤 영향을 주었는지는 충분히 짐작될 것이다.

그러나 월남전이 한국에 미친 정치적 영향은 이보다 크고 깊다. 1968년 2월 2일의 구정공세를 앞두고 북한의 김일성은 아시아·아프리카회의에서 "미제의 힘을 분산하자"고 했다. 이 분산은 1968년 1월 21일 특공대의 청와대 기습과 이틀 후 푸에블로 사건으로 나타났다.

그러나 김성은 국방부장관은 "남한의 지도자들은 미국이 청와대 기습보다 푸에블로호 사건에 더 많은 관심을 나타낸 데 대해 매우 분개했다", "미국이 보트 하나로 천지를 움직일 정도의 반응을 보인 것과 대조적으로, 청와대 사건 직후 박대통령이 포터 대사에게 한국군이 이틀 안에 평양에 도착할 수 있다고 했더니 '할 테면 해보시오'라고 일축했다"고 밝혔다.

　　한·미간의 이 간극은 그 후 계속 벌어졌는데 주한미군 철수문제가 본격적으로 부상되었기 때문이다. 이 간극을 메우고 나선 것이 개발독재와 일본 파시즘의 재현이다.

　　그해 3월 말 존슨 대통령의 북폭중지와 재선포기 선언으로 다시 한번 충격을 받은 한국 정부는 11월 삼척무장공비 사건을 겪고 닉슨이 취임한 다음해 4월에는 EC121기 사건을 보았다. 이 사건에서 닉슨은 키신저의 보복 주장을 누르고 월남에서 빠져나올 결심을 한다. 이는 1969년 7월 이른바 괌독트린으로 발표된 것이다.

　　아시아 문제는 아시아인이 일차적인 책임을 져야 한다는 원칙이 세워져 미군의 월남 철수를 합리화하게 되었다. 같은 원칙의 적용이라는 선에서 주한 미군 2만 명의 감축이 예정되었다.

　　미군 철수 논의가 한국에 준 충격과 파장은 생각 외로 컸다. 포터 대사는 한국 정부가 DMZ에서 미군을 대체하는 것을 거부, 가장 취약한 이 공격로를 방어하지 않은 채 내버려두겠다고 할 정도였다고 회상했다. 이 같은 반응에서 보여지는 충격이 1970년 한국 정치를 일차적으로 규정한 것이다. 닉슨에서 제기된 철수문제는 간단없이 계속되어 포드를 거쳐 카터에 그대로 연장되었다.

1976년 6월 선거 유세에서 카터는 '한·일 양국과의 협의를 거쳐 결정될 시간대의 단계적 기조 위에' 모든 미 지상군을 한국에서 철수할 것을 주장했다. 더구나 그는 인권을 철군과 연계시켰다. 이미 독재 정권에 대한 미 의회의 반대는 수년 동안 군현대화 계획을 지연시키고 있었다.

그러나 정작 카터의 계획이 1982년까지 완전 철군을 규정했고, 더구나 박동선 사건 이후 미 의회의 반한 분위기가 고조에 달했음에도 불구하고, 국면은 1970년대 말에 와서 의외의 방향으로 발전하였다. 『뉴욕타임스』는 1978년 2월 26일 "행정부가 한국군의 개선 없이는 미군을 철수하지 않는다는 입장이므로, 미 의회에서 있었던 추문(박동선 사건)은 미군을 주둔시키는 데 주요한 요소가 될 것이다"라고 보도하였다.

또 이 무렵 미 국무성의 중견간부 한 사람은 미국의 대한 정책의 주요 목표는 "세계 경제와의 관계를 명확히 관리함으로써 또 다른 일본을 한국이 10년 동안 자립경제-자립국방의 개발독재를 밀어붙이는 동안 일본 경제의 발흥이 한·미 관계의 기본 틀을 바꾸기 시작한 것이고, 크게는 중심-반주변-주변이라는 미·일·한 관계가 삐걱거리기 시작한 것이다.

만들지 않는 것"이라고 했다. 이를 두고 커밍스는 "최종적으로 철군 계획을 유보시킨 것은 한국에 대한 영향력을 지속, 확대해 나가고 있는 일본 세력을 차단하기 위한 배려였다"고 보고 있다.

한국이 10년 동안 자립경제-자립국방의 개발독재를 밀어붙이는 동안 일본 경제의 발흥이 한·미 관계의 기본 틀을 바꾸기 시작한 것이고, 크게는 중심-반주변-주변이라는 미·일·한 관계가 삐걱거리기 시작한 것이다.

이 같은 미·일·한 체제의 동요는 본고에서 강조하고 있는 레이건의 등장과 몰락으로 인해 다시 질적인 변화로 연결되었다.

그러나 우리는 1970년대의 10년 동안 이 땅에서의 '일본적' 의미를 더 천착하지 않으면 안 된다. 1950년대 말의, 무상 원조에서 차관 형태로 경제원조가 달라지자 4·19가 일어났다. 이른바 닉슨쇼크는 유신 체제를 불러왔으며 닉슨-카터의 주한미군 철수는 개발독재 체제를 야기시켰다. 이런 점에서 미국의 영향은 한국의 근현대사에 절대적인 비중을 차지하고 있다.

그러나 정작 중요한 개발독재 체제라는 내용이나 나라의 형성과 성격 부여에는 일본의 비중이 한층 크고 근본적이다.

– 한국판 일본제국주의

프레이저 보고서에는 이런 구절이 있다.

박(박정희 대통령)이 권력을 장악하면서부터 경제정책은 변화하였다. 경제발전의 전제라고 누구나 믿었던 한반도의 재통일을 대신해서, 박은 장기 자립경제 발전전략을 채택했다.

통일이 되어야 남의 도움을 받지 않고도 먹고 살 수 있을 것이라는 소박한 꿈을 경제발전으로, 구체적으로는 수출입국으로 대체한 것이다. 말하자면 묵시적으로 존재하던 '통일' 이라는 국가 목표가 '수출입국' 이라는 명시적인 국가 목표로 설정된 것이다. 그리고 여기에서 정통성을 얻어내려는 정치 조작이 집요하게 반복되는 가운데, 사회 역량을 총동원하는 '세계에서 보기 드문' 수출드라이브 국가가 출현한 것이다.

이 수출입국은 1965년의 한일회담을 경과하고 1970년대 이후 미군 철수 압력속에서, 특히 1972년 유신 체제라는 일본 파시즘을 정치·경제 운영의 구체적인 모델로 하는 개발독재 체제로 발전하였다.

워싱턴군축회담 이래 일본은 미국과의 경쟁이나 서구 제국주의의 견제속에서 경제 역량을 집중하고 동원해서 '소셜 덤핑(Social Dumping)'을 계속하는 자기전개속에서 군국주의로 치달았다. 그 과정은 우리가 1970년대의 10년 간 사회 역량을 유신이라는 이름으로 강제 동원하여 수출드라이브를 하는 과정과 전체적으로 똑같다.

커밍스는 앞의 논문에서 "단언컨대 동북아시아의 경제 구조를 이해하려면 국가간의 경제적 상호작용, 나아가 범위를 넓혀 이 지역과 세계 체제와의 상호작용에 접근해야 비로소 가능할 것이다"라고 말하였다. 그는 세계의 어느 지역과도 구별되는 이 지역 경제의 독특한 성격의 근거를 전전(戰前) 일본 제국주의에서 구하고 있다. 그의 논리를 보자.

일본 제국주의의 식민지 경영은 서구 제국주의 일반과 크게 달랐다. 인접 국가를 식민지로 삼아 사회간접자본 등 인프라 투자를 하고 공업력을 노동력과 원자재가 있는 현지에 내보냈다. 멀리 바다 건너에서 원자재와 노동력을 끌어와 다시 제품을 만들어 내다파는 서구 형태와는 명백히 구분된다.

일본 제국은 1930년대 중반까지 한국과 대만에 사회간접자본 인프라 스트럭처(Infra Structure)와 함께 제철, 철강, 화학, 발전설비를 설치했다. 이로 인해 1911년에서 1938년까지 27년 동안 이들 일·한·대만 지역은 세계 최대의 GDP성장률(일본 3.36%, 한국 3.57%, 대만 3.8%)을 기록하였다. 일본으로서는 산업순환의 각 국면마다 적절한 한계 시점에 제품의 생산 자체를 위임한다든가, 아니면 적어도 노동력만이라도 끌어들이는 것이 한층 경제적인 시점에서 그 산업을 인수시키는데 적당한 지역을 가졌던 것이다.

그것이 침략전쟁의 자기전개든 대동아공영권이든, 한국과 대만은 일본 사양산업의 하치장이었던 셈이다. 이 같은 산업순환형 공업화 형태가 1965년 이후 다시 살아나 1960~1970년대 일본은 사양길에 접어든 섬유와 가전산업을 대만과 한국에 인수시켰다. 1980년대 들어와서는 철강과 자동차산업이 뒤를 이었다.

그러나 1970년대 말 일본 세력의 확대와 더불어 또 다른 일본이 될 것으로 우려되었던 한국 경제는 1979년 8월을 고비로 결정적인 내리막길에 접어든다. 수입-생산-수출이라는 수출주도형 공업화 구조를 떠받쳐온 외채에 의한 공업화가 1979년 2차 석유파동을 계기로 한계에 달했기 때문이다.

특히 1974년 석유파동 이래 무제한적으로 가능했던 오일 달러 등 외채의 과잉공급과 더불어 농어민이나 도시 빈민층으로부터의 무제한적 노동공급, 여기에 더해 탑을 쌓아 올리듯 수출을 독려하는 권력의 강력한 지원은 1979년을 경과하며 전환점을 맞는다.

임금인상과 숙련된 노동력의 부족이 두드러지는 가운데 과잉 중복투자가 결정적인 문제가 된 것이다. 한편 외채가 누적되면서 외채 추가공급의 한계생산력이 제로에 가깝게 되었다. 빚을 갚기 위해 새로 빚을 얻는 악순환의 길로 들어선 것이다.

정부의 각종 지원도 더 이상의 부담과 부작용을 감내할 수준을 넘어섰다. 박의 암살로 얼룩진 한국 정치·경제의 1979년 위기는 이 모든 것이 1979년 2차 석유파동을 계기로 한꺼번에 폭발하면서 빚어진 것이다.

- 아시아적 무역구조

1970년대 말의 경제 위기는 앞에서 누누이 본 것처럼 레이건의 등장으로 극복되었다. 1954년에 애치슨이 했던 표현을 그대로 빌리면 "레이건이 나서서 한국을 구했다"고나 할 것이다.

그러나 이 위기의 해소에는 단순한 매듭풀이가 아니라 레이거니즘이 한국의 경제를 새로운 단계로 이행케 했다는 데 중요성이 있다. 바로 아시아적 무역구조의 완성이 그것이다.

『서유기』의 손오공은 강적을 만나면 자신의 털을 뽑아 분신을 만들어 적을 현혹시킨다. 중국에서 한국, 대만, 홍콩, 싱가포르를 네 마리의

「서유기」의 손오공은 강적을 만나면 자신의 털을 뽑아 분신을 만들어 적을 현혹시킨다. 중국에서는 한국, 대만, 홍콩, 싱가포르를 네 마리의 용이라고 한다지만, 이들 4개국을 손오공에 비유하는 것이 훨씬 정확하다.

용이라고 한다지만, 이들 4개국을 손오공에 비유하는 것이 훨씬 정확하다. 아시아적 무역구조라는 것은 미국의 입장에서 보면 영락없이 손오공과 그 분신에 불과하다.

국적이야 어떻든 그 원천이 일본인 상품이 미국을 점령하고 있으니 미국의 입장에서는 하나의 범주로 대응하게 되는 것이 당연하다. 그러나 일국주의적인 근대화 이론가들은 실제로 한국과 일본이 다름에도 불구하고 무차별적인 경제 압력을 받고 있다고 한탄한다.

이제 이 문제를 좀더 파고 들어가 보자. 이른바 아시아적 무역구조라고는 하지만 한국과 여타 3국은 조금 다르다. 커밍스는 홍콩과 싱가포르는 도시국가이고 농촌부문이 없다는 이유로 제외하고 대만과 한국을 주된 논의의 대상으로 하고 있다. 그러나 근본적으로 헤게모니 체제로서의 미국과 일본의 산업순환을 다루고 있기 때문에 그의 시각이 한국과 대만을 준별하는 데는 한계가 있다.

한마디로 대만은 세계적 화교경제권의 생산 거점으로서 일본의 산업순환과 연결되어 수출지향형 공업화의 길을 걸어왔다. 한국의 수출지향형 공업화가 정부 주도형이었던 것과 대비되는 현상이다.

흔히 대만의 수출이 중소기업군에 의해 이뤄지는데 반해, 한국의 경우는 대기업 체제라고 말한다. 이것은 대만 경제가 한국 경제보다 강하다는 것을 입증할 때 자주 인용된다. 그러나 각도를 조금 달리해서 보면 이보다 더 중요한 점은 없다.

대기업형이라는 것은 규모 이익을 앞세운 조립생산 중심이라는 뜻이다. 이에 대해 중소기업 형이라는 것은 하청형이라는 말이 된다. 한국은 일본에서 자본재, 소재, 부품, 기술을 들여다 완성품을 만들어 미국에 내보낸다. 경영 형태에서 일본의 대기업과 다를 바가 없다.

반면 홍콩, 대만 등은 일본 기업의 하청을 받아 납품하는 것이 주종을 이룬다. 예컨대 조선이나 자동차 등에서 대만이나 홍콩, 싱가포르가 한국과는 달리 이렇다 할 대규모 생산 능력이 없는 것이 그것이다. 이 차이가 갖는 의미는 의외로 크다. 우리 문제의 본질을 이해하는 열쇠가 이 조립수출주도형 경제에 있다고 해도 과언이 아니다.

- 조립수출주도형 경제란 무엇인가

후진국 발전 전략으로서의 수출주도형 공업화는 수입대체형 공업화와 대비된다. 반드시 수입대체 단계를 거쳐 수출주도형으로 발전한다고 보는 것은 물론 근대화 이론가들의 환상이다.

커밍스도 지적하고 있지만, 남미에서 전형적인 것처럼 수입대체형 공업화가 제국주의 세계 체제속에서 경제 발전의 길을 봉쇄당하고 독재의 악순환에 빠져 이른바 종속의 길을 걷고 있는 것을 우리는 볼 수 있다.

여기에 대조적으로 수출주도형은 세계적으로 일본의 식민지 통치가 남달랐듯 일본 제국주의 구조일 뿐이다. 수출주도형 공업화란 '수출을 위한 생산, 생산을 위한 자본재와 부품과 소재 등의 수입'이라는 경영 구조의 형성이다. 그리고 현실에서 이것은 주로 일본에서 수입해서 미국에 파는 형태이다. 홍콩과 싱가포르, 대만과 한국이 일본에 의해 동원되고 있지만, 이 가운데서도 한국만이 유일하게 조립형이다.

한국의 조립형은 개발독재 이데올로기와 같은 주관적인 요구와 저간의 객관적인 조건이 맞물려 들어간 것이지만, 무엇보다 1970년대 이후 일본의 급속한 경제 팽창에 따른 산업 구조 재편성 과정의 산물이다.

여기에 석유파동으로 세계 금융 질서가 급격히 변화하여, 유로 달러 같은 과잉자본이 경쟁적으로 시장을 확대창출하는 과정에서 자본 문제가 해소될 수 있었던 것이다. 이래서 이른바 '후발성 이익'이라는 주장이 적절한 예를 찾았다고 할 정도로 특히 섬유, 조선, 철강 등이 급속히 이식되었다. 자동차와 가전제품 또한 예외가 아니었다.

특히 이 분야는 하루가 다른 기술 발전과 시장 영역의 확대로 업종 내 구조 개편이 급속하게 진행되어온 결과, 기술 격차를 종래의 기술 독점의 대체 수단으로 하는 기술 이전이 진행되었다. 일본은 더욱 부가가치가 높은 쪽으로 치달아갔고 한국의 조립형이 그 뒤치다꺼리를 해냄으로써 일본 기업의 유지 · 확대나 일본 경제의 구조 개편에 기여하는 것이다. 여기에서 조립형이 생겨난 것이다.

이것은 대체로 1980년대로 들어서면서 형식과 내용을 완성했다. 우리나라 수출 구조에서 중화학공업 제품이 섬유산업과 어깨를 나란히 하는 주력 종목으로 부상하기 시작한 때부터 이 조립형이 굳어진 것이다.

　세계 교역 구조의 성격과 상품의 종류는 모두 그 자체로 의미가 있다. 교역 자체가 국제 역관계를 첨예하게 반영하는 것이다. 또 곡물이든, 석유든, 신예 병기든, 원자재든, 일반 가공상품이든, 그 나름대로 일정한 국제정치적 성격을 갖게 마련이다. 여기에는 교역이 한 나라에서 차지하는 비중도 고려해야 한다.

　우리 경제는 세계 제일의 가공수출의존형 국가로서 그 규모가 조선 부문에서는 생산량이 아닌 수출 물량에서 세계 1위이며, 전자·섬유 등 2대 주력 업종의 수출 물량에서도 일본을 제외하면 1,2위를 다툰다.

　자동차부문도 아직은 일본이 압도적이지만 한국은 일본이 한때 방기한 미국과 캐나다 등지의 소형차 수출 시장을 휩쓸었으며, 무서운 기세로 생산 능력을 늘려 나가다가 지금 다시 일본의 '생산의 세계화'에 부딪쳐 곤욕을 치르고 있다.

　조립수출주도형이라는 우리나라 대기업의 내부를 올바로 들여다보는 것도 중요하다. 우리나라의 30대 기업의 매출액은 1979년 GNP대비

25%에서 1980년 30%, 1981년 43%, 1982년 57%, 1983년 65%, 1984년 이후 70%를 넘는다는 식으로(물론 GNP에서 차지하는 비중이 그렇다는 뜻은 아니다), 그 겉모양만으로는 급격하게 성장하고 있고 경제력이 집중되고 있다. 하지만 이들 기업의 재무구조는 이 같은 팽창과 비례하여 악화되어 왔다.

한마디로 장사는 더 크게 벌이는데 빚은 늘고 있는 것이다. 이것은 계속해서 사업을 확장하지 않으면 쓰러지게 되는 확대 체질인데, 채산성이 없는 물건이라 하더라도 회사는 굴려야 하니까 수출을 계속하고 있다는 뜻이다.

한 연구는 1970년대와 1980년대 중반까지 우리나라의 수출은 "달러당 27센트의 정부 지원을 받고 있었던 것"으로 계산했다. 1달러 수출에 27센트의 사회 비용을 지불했다는 뜻이다. 이제 이 같은 조립수출주도형 경제의 실체를 살펴보기로 하자.

한마디로 장사는
더 크게 벌이는데
빚은 늘고 있는 것이다.
이것은 계속해서
사업을 확장하지 않으면
쓰러지게 되는 확대
체질인데, 채산성이 없는
물건이라 하더라도
회사는 굴려야 하니까
수출을 계속하고
있다는 뜻이다.

- 조립수출주도형 경제의 실체

1987년 4/4분기를 정점으로 국내 경기순환이 다시 내리막길로 접어들었다. 아래의 글은 한국 경제가 정점을 향해 치닫던 1986년 8월에 필자가 『말』지 8호에 쓴 것을 인용한 것이다.

"대일 수출에 무성의한 업체를 제재한다는 기상천외의 정책이 나왔다. 그동안 경제기획원 등 경제부처에서는 거의 매일 무역적자 해소 방안을 논의한 끝에 외교관과 업계에 긴급비상사태를 선포하다시피 했으며 '완력'이 깃든 대책을 강요하게 되었다."(C일보 8월 23일자)는 것이다. 3저 호기로 1980년대 들어서 처음으로 무역흑자가 기록되고 GNP도 오랜만에 두 자리 숫자로, 그것도 내용도 건실하게 올라섰다고 연일 기세를 올리고 있으나, 그 뒷면 대일 수입의 유례없는 격증에 당황하고 있는 것이다.

1986년 상반기 일본은 엔고의 충격으로 수출품의 가격 구조가 크게 흔들렸다. 미국 시장에서 이 같은 사정이 반영되어 한국 기업의 수출이 현대, 삼성, 대우 등 10대 재벌의 경우 38.2%나 늘었다. 그러나 같은 기간 이들 기업의 대일 수입이 전년 대비 47.6%나 늘었다는 사실이 '기다리고' 있었다.

그러나 C일보는 "물론 중화학공업의 추진에 따라 일본에서 원료와 부품, 기계류를 수입해왔기 때문에 대일 적자가 불가피한 면이 있기도 하였으나, 기업들이 손쉬운 미국 시장에만 몰리고 일본을 파고들 생각을 안 한 데도 원인이 있다"고 분석했다.

C일보는 또 이 같은 '완력'이 불가피해진 것은 "새삼 말할 필요도 없이 그동안 줄기차게 누적되어 온 대일 무역적자 때문인데, 지난 1965년 이래 20년 동안 대일 적자는 무려 3백29억 달러로 이것은 1986년 수출 목표액과 맞먹고 우리나라 총외채의 70.7%에 해당하는 금액이다. 만일 일본과의 무역에서 적자가 없었다면 외채 규모는 1백38억 달러밖에 안될 것이라는 추정도 가능하다고 하겠다"고 했다.

이 한심한 논리는 다시 이어져 '일본 편애(?)'의 이유는 "아무래도 일제가 가격도 싸고 서비스도 좋으며 상담에서도 언어 관습상의 장벽이 구미에 비해 낮았기 때문"이라고 본질을 되풀이해 호도하기를 잊지 않고 있다.

어떻게 이런 논리를 펼 수 있는가? 오늘날 우리 경제를 볼 때 외채 누적 문제 못지 않게 중요한 것은 오랫동안 누적되어 이제는 뻔뻔스럽게 군림하고 있는 이런 류의 허위의식을 모두 벗겨내는 일이다. 이런 허위의식은 경제 가치관에서부터 실물경제의 모습과 흐름에 이르기까지 구석구석 스며들어 완벽한 허상을 조작해내어 이것이 다시 경제를 지탱하는 기능까지 하면서 사태를 점점 악화시키고 있다.

이 같은 사례를 일일이 열거할 필요가 없겠으나, 예컨대 경제가 악화되어 종종 사회 불안이 조성되면 거꾸로 사회가 불안해서 경제가 타격을 입는다는 식의 억지같은 것이 그것이다. 그러나 이것은 결국 모순의 누적적 심화 이외의 것이 아니다.

본질을 아무리 호도하더라도 우리 경제가 대일 적자를 기본 조건으로 하는 구조 위에서 운영되고 있는 것은 "일본에서 차관을 가져다 기계를 수입하고 기술 도입도 일본만을 선호하는 경향이 많아졌다. 일본에서 시설을 도입하면 유지-보수 용품까지 줄줄이 수입해야 할 형편이 된 것이다. 정부나 기업들은 이런 현상을 우려하면서도 안이하게 대일 경제 예속을 등한히 해온 꼴이었다"는 것에서 드러난다.

그러나 이 논리는 차관을 도입하는 과정(돈으로 가져오는 것은 물론 아님)에서 무리한 정치 · 경제적 술수에 더해 상업적 조건이나 기술적 조건들이 난마처럼 얽히고 설키는 과정과 이것이 누적된 오늘 우리 경제의 본질을 근본적으로 외면함으로써 10년 전이건 지금이건, 외채가 1백억 달러건 4백억 달러건, 1965년 이후 대일 적자의 누적이 1년 수출액과 맞거나 이 그 선을 넘어도 대일 경제 예속을 늘 우려되는 가능성의 문제로만 보는, 그리하여 드러내면서도 실제로는 감추는 역할을 하고 있는 것이다.

한국 경제의 대일 예속은 오늘 우리 경제 한복판에 있는 가장 큰 질적 특징이다. 이 신문이 지적하고 있는 대로 1965년 이래의 대일 적자 3백29억 달러는 같은 기간 우리나라 적자의 90%나 되는 숫자라는 점 하나만 가지고도 그 의미는 분명하다. 이른바 근대화를 시작한 지난 20여 년 동안 교역이라는 형식으로 한국의 부가 일본에 그만큼 집중 유출되었다는 것을 의미하며, 대일 경제 예속이란 이 같은 유출 구조를 말한다.

그러나 이것이 우리 대외 의존 경제의 전부는 아니다. 미·소 냉전에 의해 규정된 군사적 거점으로서의 방대한 군사물자 수입과 더불어 공산품 대비 비교우위에 따른 농산물의 대량 수입으로 미국 경제에 또 다른 원천징수를 당하고 있다.

- 한국 기업의 한계기업화

앞서 우리는 한국 경제가 일본에 예속되고 있으며 나아가 대미 수출의 증가가 대일 수입의 증가와 연결되는 정연한 삼각순환 관계를 살펴보았다. 우선 예속되었다는 것은 다른 말로 하면, 1980년 이래 예의 '조립 수출주도형' 경제가 완성되었다는 뜻이다.

나아가 1988년까지의 3년 동안은 일본 엔화와 대만 원화의 급격한 평가절상과 대조적으로 주로 국내외 정치적 배려 때문에 원화의 평가절상이 완만했고 따라서 상대적으로 대미 경쟁력이 강화되어 수출이 늘어나 흑자시대를 구가했다.(흑자란 물론 수입보다 수출이 많다는 뜻인데 우리의 경우 수출기업이 이익을 낸다는 의미는 아니다.)

그러나 흑자를 내건 적자가 되건 우리의 이 조립수출주도형 경제는 이제 미·일 간이 경제전쟁으로 중대한 국면을 맞이하고 있다.

어느 나라건 동종의 기업들은 동일한 기업 환경 아래서 생산과 판매를 하게 된다. 이런 기업군은 재무구조나 매출액에 따라 일류기업에서 한계기업에 이르기까지 순위를 매길 수 있을 것이다. 예컨대 '일본의 전자산업' 하는 식이다. 만약 경영 환경이 악화되면 이 가운데 재무구조가 나쁜 한계기업은 어떤 형식으로든 도태되기 마련이다.

이것은 한 나라 안에서의 일이거니와 우리의 조립수출주도형 경제는 일본에서 기술이나 부품을 들여와 조립해서 미국에 수출하는 기본 흐름 때문에 일본 기업들과 경영 형태가 비슷하다고 아니할 수 없다. 말하자면 동종의 일본 기업들과 국경에 상관없이 어깨를 나란히 하게 되는 셈이다. 따라서 일류기업부터 한계기업까지 랭크되어 있는 기업군속에 포괄된다고 가정할 수가 있다. 비록 인건비 하나는 자동차의 경우처럼 일본에 비해 8분의 1에서 10분의 1에 불과할 정도로 싸다고 하지만, 또는 정부의 비호를 받고 있다고 하지만, 이런 것들은 이미 한계에 부딪쳐

이런 상황 아래서
미·일 기업군들이
살아남기 위해 피나는
싸움을 본격화하게 될 때,
그 충격은 강력한
일본 기업보다 우리 기업,
우리 경제에 먼저
몰아닥칠 것이 자명하다.

짐이 되고 있는 것이다.

이런 상황 아래서 미·일 기업군들이 살아남기 위해 피나는 싸움을 본격화하게 될 때, 그 충격은 강력한 일본 기업보다 우리 기업, 우리 경제에 먼저 몰아닥칠 것이 자명하다.

1987년 10월 말 뉴욕 증권시장은 시장 규모의 3분의 1이 날아가 버리는 대폭락 사태를 맞았다. 신속한 응급조치로 일단 진정은 되었지만 달러가 120엔 선을 하향 돌파하면, 언제고 위기가 닥쳐올 것이라는 게 미국 언론들의 예측이다.

요즘 미국은 원화절상이다, 미 통상법 301조의 발동이다 해서 한국에 대한 경제 압력을 가중하고 있다. 그러나 이것은 120엔 선이 무너져 위기가 닥쳐올 것을 방지하자는 데서 나오는 정책에 불과하다. 만약 위기가 현실화되면 이때가 본격적인 미·일 경제전쟁의 시기가 되는 셈이다.

설명이 부족했지만 필자는 우리의 조립수출주도형 경제 체제가 첫째, 전전 일본 파시즘의 재생이라는 독특한 역사적 성격을 갖고 1980년 이후 완성된 것으로서, 둘째, 강력한 활기를 띠고 강대국 중심의 세계 경제 체제에 파고들고 있는 아시아적 무역구조의 전형이며(역동성), 세째, 대규모가 주는 이익 때문에, 또 계속되는 확대재생산 없이는 잔존할 수 없기 때문에 세계 규모화되고 있는 독특한 구조이며(자기확장성), 네째, 미·일 양국과 양국 관계에 예민하게 의존하고 있으며(미·일 의존성), 다섯째, 아시아 무역구조 가운데 조립형이라는 특수성 때문에 일본 기업군에 편입되어 그 한계 기업적 위치에 있으며(한계성), 여섯째, 매출액의 증가와 재무구조의 개선이 동반되지 못하는 구조적 취약성을 지니고 있다고 생각한다.

한때 3년 여에 걸쳐 3저 호황으로 기업 환경이 유례없이 좋은 때도 있었으나 오히려 이 같은 조립형 특징들은 더욱 강화되었을 뿐이다. 그리고 우리의 조립수출이 살아 움직이는 적극적인 원인으로 미·일 모순의 한 가운데 자리잡아 천하대동란의 단초가 될 징후이다. 1986년 하반기로 접어들어 환율문제, 즉 원고 현상이 주목되고 있다. 1970년 달러당 316원 선에서 1985년의 860원 선에 이르기까지 연평균 10% 이상 평가절하 되면서, 가장 주요한 수출 지원 수단이 되어온 환율의 지속적인 인상은 조립수출 경제에 치명적인 타격이 되고 있다.

1970년대 10년 동안 미군철수 문제가 한국 정치를 일차적으로 규정했다면 1980년대 중반에서부터는 이 환율문제, 다시 말해 미·일간의 경제전쟁이 한국 정치를 일차적으로 규정하고 있으며 또 규정하게 될 것이라는 징후이다.

커밍스는 그의 논문에서 1980년대 초 한국 경제위기의 근본 성격을 지적하면서 첫째, 노동의 비교우위가 아닌 고도 기술과 마케팅, 그리고 고도 조직의 비교우위가 요구되고 있으나 산업순환이 이를 제공하는 것은 아니어서 다른 저개발국들이 이 교환 시스템에 비집고 들어온 점, 둘째, 제한된 부존자원과 국내 시장의 협소로 해외로 뻗지만 이는 설비과잉으로 연결되면서 다음 단계의 공업화를 억제하게 된 점, 셋째, 중심부의 보호주의에 부딪쳤다는 등 이상의 세가지를 들고 있다.

첫 번째의 문제는 한마디로 독창성의 문제다. 한국의 기업이나 제품이 독창성이 없기 때문에, 다시 말해 거개가 일본 제품의 복제이기 때문에 노동력 비교우위에 따른 일정한 가격경쟁력 이외에는 시장지배력이 전혀 없어 시장 구조 변화를 추수하는 입장이란 것이다. 따라서 격심한 변화에 살아남기 어렵다는 이야기다.

두 번째 문제는 더욱 심각하다. 1930년대의 일본 기업과 오늘 우리 기업이 비슷하지만 당시의 일본 경제는 이른바 안형(雁形) 성장이라고 해서, 기러기가 질서정연하게 하늘을 날 듯 산업순환을 가능케 한 한국과 대만이라는 후방 기지가 있었고, 기본적으로 내수 기반이 튼튼한 것이 전제되는 구조에서 가능했다.

그러나 여기 반해 한국의 경우 월남이나 중동 진출, 또는 미국 시장 공략은 일본과 같은 의미의 산업순환적 후방 기지가 되지 못했다. 내수 기반이 약함에도 불구하고 경공업 단계에서 중화학공업, 이어서 첨단산업 분야까지 모방해낼 수 있었던 데는 나름대로 다른 이유가 있다.

산업 구조의 개편은, 다른 나라 같으면 예외 없이 쇠퇴 산업에 속하는 기업의 도산이나 대량 실업이 사회·정치 문제가 되면서 오랜 고통을 수반할 터이지만, 한국의 조립수출 체제에서는 대기업 내의 자금과 인력

한마디로 독창성의 문제다. 한국의 기업이나 제품이 독창성이 없기 때문에, 다시 말해 거개가 일본 제품의 복제이기 때문 노동력 비교우위에 따른 일정한 가격경쟁력 이외에는 시장지배력이 전혀 없어 시장 구조 변화를 추수하는 입장이란 것이다.

을 재배치함으로써 이 같은 구조 개편을 이뤄낸 것처럼 보인다. 그러나 이것은 기실 여러 모순이 새로운 형태로 이행된 것에 지나지 않는다.

커밍스가 본 대우조선, 조선공사, 한국중공업 등에서 나타나고 있는 설비과잉이 바로 그것이다. 이 백화점 식의 생산 능력이 안형 생산과는 다른, 중심부의 거부와 제3국의 경쟁에 부딪쳐 있다는 뜻이다.

그러나 커밍스는 논문의 결론에서 여전히 문제의 초점을 미·일간의 모순에 두고 1951~1970년처럼 미국의 지배권이 안정된 상황이라면 미국과 일본이 공평하게(?) 이익을 끌어낼 수 있을지 모르지만 격심한 중심부 라이벌 다툼이 벌어지고 있으며 중국이라는 새로운 주변을 누가 장악하는가가 싸움의 중요한 부분이라는 형태로, 여전히 미·일 모순을 가장 중요한 문제로 보고 있다.

그는 "중심부의 라이벌 다툼이 중간 지역의 혼전을 의미한다"고 보았지만 이들 라이벌 미·일이 근대국가의 와해라는 격변에 휩쓸리고 있는 것은 그 누구도 상상하지 못했던 것이다.

* '잃어버린 10년(Lost Decade)' 이라는 말은 이른바 남미화(南美化), 80년 대 10년을 외채와 하이퍼-인플레이션으로 허덕였던 남미에서 나왔지만 일본도 지난 10년을 잃어버렸다고 한탄하고 있다. 본고의「한반도 정치경제학」은 1990년에 쓴 글이지만 그 후 10여 년은 우리에게도 잃어버린 10년이다 문민정부든 국민의 정부든 참여정부든 지난 10여 년 우리에게서 일어난 일들은 모두 기본적으로「한반도 정치경제학」이 설정한 테두리 안에서 방황하고 있을 뿐이다. 경제적으로 대표적인 선진국과 후진지역이 이렇게 허송세월하고 있는 것이 무엇을 의미하는지를 곰곰이 생각해 볼 필요가 있다. 세상이 변해 버린 것이 아니라면 설명할 수가 없을 것이다. 이후의 글은 IMF 사태 이후에 쓴 것이다.

'두타는 한 뽕나무 아래서 3일을 넘기지 않는다(頭陀不三宿空桑)' 고 한다. 3일 이상 한 자리에 머물면 그 자리에 집착이 생겨서 정진을 방해할지 모른다는 것이다. 뽕나무 아래라는 틀이 자유정신을 묶을 수도 있다는 철저함이 처절하다. 유아독존하는 구도의 길에 비길 수는 없지만 틀 자체가 문제가 되는 시대여서 한번쯤 음미해 볼만한 경구인 것 같다.

『르몽드』지가 클린턴 스캔들을 성적 매카시즘이라고 규정했다. 지향을 잃은 사회는 흔히 희생양을 찾는다. 클린턴을 물고 늘어지는 스타 검사에게서『르몽드』는 미국 특유의 매카시적 심성을 본 것이다. 그러나 사건이 드러나고 전개되는 과정을 보면 세계 최강의 미국이 왜 대통령을 희생양으로 요구하게 되었는가 하는 사건의 본질을 묻는 분위기가 아니다.

민주주의 국가여서, 혹은 그것이 거기 있었기 때문에 라는 이유는 형식일 수는 있어도 실제는 아니다. 스캔들이 들춰지고 섹스매니아니 하면서 정신병으로 몰아가고 있는 것 자체가 체제가 약화되고 병들었다는 뜻이다. 약화되고 병든 정도가 아니라 해체되고 있는 중이다.

미국에서는 현직 대통령이 재선에 실패한 경우가 거의 없다. 그런 현직 대통령 클린턴이 재선에 나서도 선거 자금이 없어서 대통령 전용기로 사람을 모으고 백악관을 호텔처럼 개방해서 군색하게 모금을 해야 했고 또 그랬다고 문제가 된 것은 미국이라는 국가가 이미 금이 갔기 때문이다.

"아이젠하워 대통령이 퇴임하면서 군산복합체(Military-Industrial Complex)의 출현을 경고했던 50년대나, 60년대 철강재벌이 월남전을 확대시켰으나 금융재벌이 종전을 촉구했다"는 노암 촘스키(Noam

Chomski)의 발언처럼 이런 식의 삼엄한 권력은 사라진 것이다. 아니 사라졌다기보다는 아직도 국가라는 절대권위가 훼손되는 것을 용납하지 못하겠다는 스타 검사로 남아있는 것이다.

어쨌거나 클린턴 스캔들은 다이애나 사건과 궤를 같이한다. 국가의 권위가 개인의 프라이버시에 의해 훼손된다는 구도다. '국가대 개인의 충돌'이 나타난 것이다. 독특한 매력을 지닌 다이애나가 비명에 갔기 때문에 영국이나 세계가 이른바 다이애나 신드롬에 휩쓸려서 '개인이 국가를 이겼다'는 사실은 가려졌다.

여기에 더해 유럽은 국가 통합을 일궈내 지난 시대 심슨 부인을 사랑하는 대가로 왕관을 버려야했던 엘리자베스 여왕의 부친 시대와는 다른 전개를 보이고 있다.

이렇게 보면, 르윈스키의 증언에 이어 배심원 앞에서 곤혹스러워 하는 클린턴의 모습이 공개된 후에 오히려 여론조사가 클린턴에 더 기울게 되었음을 쉽게 설명할 수가 있다. 다이애나 신드롬이다. 미국에서는 국가가 유럽보다 아직 완강해서 스타 검사와 같은 저항을 받고 있지만 국가의 절대권위가 붕괴되고 있는 징후를 드러낸 것으로 이해하는 것이 옳을 것이다.

그런데 이것은 미국에서만 일어나는 일이 아니다. 요정정치의 오랜 관행이 무너지고 전에는 괜찮았던 일들이 문제가 되어 수상급들이 줄줄이 부패 사건에 연루되는가 하면 정치가 사회 흐름에서 벌써 10여 년을 겉돌고 있는 일본도 마찬가지다. 하기야 소련과 동유럽은 국가 대분열을 고통속에서 치루고 있고 유럽은 국가의 대통합이 이뤄지고 있지 않은가. 대분열이나 대통합이나 국가라는 입장에서 보면 해체되기는 마찬가지다.

또 하나, 문명사회는 이른바 알 권리를 다른 사회가치보다 우위에 둔다고 되어 있다. 그러나 이러한 알 권리가 진실을 알 권리라는 본래의 모습에서 더욱 더 멀어지고 있다.

클린턴 스캔들에서 기이한 것은 대부분의 언론이 르몽드식 정공법이 아니라 클린턴과 르윈스키가 '언제 어디서 어떻게' 라든가, 여론조사, 퍼센티지로 '사실을 나눠버리는 데' 만 열중하고 있는 점이다.

사태의 흐름도 누가 옳고 누가 그르냐를 두고 치열한 공방을 벌이는 데서 결정되지 않는다. 여론조사가 앞뒤에서 끌고 밀면서 만들어가고 있다. 알 권리를 관장하는 미디어가 대중에게 알리는 것이 아니라 대중에게서 듣는 기묘한 역할의 역전이 일어나고 있다. 미디어는 '언제 어디에서 어떻게'만 쫓다가 노골적인 증언 내용을 지면에 그대로 담을 수도 없고 해서 엉거주춤하고 있다.

언론 스스로가 여론 조작으로 대중을 마음대로 줄 세우던 시대에서 언제부터 왜 밀려났는지를 모르는 눈치다. 이른바 포스트 모던이라는 무기력증에 감염된 것이다.

하늘과 땅을 마음대로 휘젓는 『서유기』의 손오공보다 마귀에게 잡혀가는 역할뿐인 사오정이 요즘 뜨고 있는 것이 심상찮다. 미디어의 탈근대도 지향이 없어서 엉거주춤하고 있는 형편이지만 『르몽드』의 한 필자는 세계가 지적 빙하기에 접어들었다고 한탄하고 있다.

사람들의 이런 무기력한 정신세계와는 대조적으로 1990년대는 숨가쁜 대혼란속으로 빠져들고 있다. 1990년대 세계를 들여다보려면 북

또 하나, 문명사회는 이른바 알 권리를 다른 사회가치보다 우위에 둔다고 되어 있다. 그러나 이러한 알 권리가 진실을 알 권리라는 본래의 모습에서 더욱 더 멀어지고 있다.

한 핵과 파생금융상품인 디리버티브(Derivative)를 이해하지 않으면 안 된다.

이 두 가지가 바로 90년대식 국제정치이고 국제경제이기 때문이다. 북한 핵이 어떻게 무너지는 근대국가 체제를 버티는 빗장이 되고 있으며 다른 한편 80년대 세계 경제를 일차적으로 규정해가던 미·일 경제 마찰이 어떻게 디리버티브로 전화해서 근대국가 세계 체제에 결정적인 타격을 가하고 있는가를 알아야 한다. 세계의 운명이 미국이나 일본 등 강대국 이니셔티브에 의해서가 아니라 이들 세계 금융자본의 자기전개에 맡겨지는 탈 국가적 대변화의 시대가 시작되었기 때문이다.

1989년에 베를린 장벽이 무너지고, 그 흥분이 채 가시지 않은 1990년 여름 노벨경제학상 수상자인 펜실베이니아 대학의 클라인 교수는 20여 명의 미국, 일본, 유럽 학자들과 더불어 G7 지도자들에게 서한을 보냈다. 일본을 제외하고서라도 선진 6개국이 1990년부터 5년 동안 군사비를 매년 5%씩 줄여나가 25%를 감축해서 소련과 동구에 원조하자는 것이었다.

이 돈이면 두 지역에 5년 동안 모두 2천억 달러를 공여할 수 있으며 다른 한편 개도국에도 1990년 1백억 달러에서 1994년 3백억 달러 규모로 혜택을 늘려나갈 수 있을 것이라는 것이다. 여기에 더해 군비축소에 따른 경기침체를 막기 위해 금리를 적정 수준 인하해 나간다면 세계 경제는 냉전 와해의 충격에도 불구하고 1994년에 1.4% 더 성장할 수 있을 것이라는 줄거리였다.

이른바 평화 전환 시나리오에 따른 평화배당으로서 평화 전환 논의가 활발하던 때였다. 예컨대 미국의 『유에스 뉴스 앤 월드 리포트』지는 '냉전의 문화적 유산'이라는 특집을 마련했다. 여기에서 터프츠 대학의 사학과 마틴 세원 교수는 방공호가 노천 쇼핑센터에 지붕을 씌워서 쇼핑몰을 낳았다던가 버튼만 누르면 되는 소비 형태와 핵무기 발사 버튼 사이에는 심리적인 연결이 있다는 등 미국 문화에서 냉전 요소를 끄집어냈다.

또 1930~1940년대 사회의 제도적 모순에 민감하던 할리우드가 매카시 선풍 이후 헐리우드 특유의 선과 악 구도로 굳어진 것들을 예증했다. 요컨대 "냉전은 미국 문화의 기초였으며 시민 생활 모든 면에 연결되었으므로 앞으로 오랜 시간이 지나야 그 잔재가 사라질 것"이라는 것이었다.

그러나 『아이언 마운틴』의 레너드 르윈 기자라면 이런 클라인 교수나 세윈 교수의 단순한 견해에 웃었을 것이다.(담론3참조) 이것이 잔재의 문제는 아닌게 분명하며, 실제로 냉전 붕괴 이후 시중에 범람하는 미국 영화들을 보면 평화를 묘사하기보다는 잃어버린 적을 찾는 데만 열중하고 있다. 할리우드는 베트콩 대신 오일쇼크 이후 아랍 부호나 테러리스트들, 재팬 머니 시대 일본 기업인에게 악역을 맡겼다.

그리고 냉전의 와해 이후에도 부패한 경찰이나 마약 조직, 외계인 등, 더러 환경파괴를 적으로 한 것도 있지만 새로운 적을 찾는데 골몰하더니 요즘엔 국가의 적이 없다는 데서 오는 위기의식을 극명하게 반영하고 있다.

어쨌거나 클라인 교수단의 평화 전환은 현실 정치에 매몰돼 버렸다. 그러나 미국이 실제로 1991년부터 1995년까지 5년 동안 매년 5%

씩 25%의 국방비를 삭감한 것은 참으로 아이러니컬하다. 걸프전 전승 분위기속에서 이런 엄청난 군비 감축은 아주 의미심장하다. 군사비의 4분의 1을 줄였다는 것은, 양의 집적은 곧 질적 변화와 통하는 것이어서, 결국 전쟁제도, 즉 국가의 본질이 중대한 수정 압력을 받고 있다는 증거다.

걸프전 당시 패트리어트 미사일은 이라크의 스커드 미사일을 공중 폭파시키는 미국의 최신예 무기로 각광을 받았다. 그러나 이 패트리어트는 1980년대 초 레이건이 '애국자(Patiot)'라고 명명하면서 실전 배치한 것이었다. 10여 년 전의 무기가 아직도 최신예일 수밖에 없다는 점은 많은 것을 시사해 준다.

미국이 그동안 더 빠르고 정교한 지대공 미사일을 개발할 능력이 없어서가 아니라 소련이라는 경쟁상대가 사라지면서 현실적인 추진력이 없어졌다는 점이 중요하다.

F16이나 F18 등도 마찬가지로서 신예 전투기들이 그 자체의 기술적 안정성을 획득하지 못하고 있는 것은 기이하기조차 하다. 미그기가

사라짐에 따라 개발 동기가 없어져 후속 FX도 벌써 10여 년을 두고 베일을 벗지 못하고 있다.

전쟁 가능성, 미국헌법이 규정하고 있는 '급박하고 분명한 위험'이라는 가상의 적을 구하기 어렵게 되면서 군사 논리가 한계에 부딪친 것이고 이것이 국가의 지향 상실과 일맥상통한다는 데 문제의 중요성이 있는 것이다.

1991년 『뉴욕 타임스』는 미 국방성의 새로운 전쟁 게임 시나리오를 보도했다. 이 워 게임은 미국이 걸프전 이후 부딪치게 될 7가지 형태의 전쟁을 미리 상정하고 여기에 근거하여 병력과 무기의 수준을 결정해나가는 국방 정책의 기초다. 7가지의 경우를 열거하고 있지만 한마디로 '세계적인 규모의 전쟁 준비가 필요없는 새로운 전쟁 시스템'이라는 타협이다. 그러나 전쟁의 본질에 어긋나기 때문에 이내 모순에 부딪치게 된다.

"북한이 30만 병력으로 서울을 기습 장악하는 경우, 미국은 8개 전투사단과 5개 항공모함전단, 16개 전투비행중대, 4개 중폭격기 중대, 2

개 해병부대를 파견하고 한·미 양국군은 90일 안에 북한을 제압한다"
는 것도 이 7가지의 시나리오 가운데 하나였다. 여기 더해서 '동시에 이
라크가 쿠웨이트를 공격하는' 최악의 경우도 상정하고 있다.

『뉴욕 타임스』는 이 경우 '우선 한반도 분쟁을 보류한 채 이라크를
진압하고 다음에 전력을 옮긴다(win hold win)'는 하나의 국지전 전략
을 내놨으나 안팎의 반대에 부딪쳐 동시에 '이라크와 북한을 제압하는
(win and win)' 전략으로 수정한 것으로 되어 있다. 그러나 하나씩이
냐, 한꺼번이냐의 문제가 아니다.

7가지는 이밖에 러시아나 구 소련권의 분쟁, 필리핀이나 파나마의
쿠데타, 러시아나 일본 등 새로운 팽창주의적 세력에 대한 대응들을 열
거하고 있지만 하나같이 급박하고 분명치 않다. 후세인의 이라크는, 전
쟁 후에 분명해진 사실이지만, 나라 전체가 그로기 상태의 전적국(前敵
國)수준이고 동구권이나 제3세계도 극도로 피폐해서 그간의 경험에서
확인되었듯 기아와 집단 난민의 문제로 귀결되었다. 저들의 내란 상태나
경제 파탄은 미국이 무기로 진압할 대상이기에는 아무래도 어색하다는

것이 저간의 경험이다. 사실 국지전이라는 것 자체가 잘 짜여진 미·소 냉전 체제 아래서 기능하던 대리전쟁의 성격을 갖는 것이어서 냉전의 와해와 운명을 같이하는 것들이다.

요컨대 미국 국민이나 세계를 납득시키기에 충분한 힘과 적의(敵意)를 가진, 미국과 세계에 위협이 된다고 인정되는 적의 존재가 실재하느냐 하는 문제는 1990년대 현재의 시점에서 보면 부정적이다.

부정적이라는 것은 현실에서 국가라는 틀이 그만큼 흔들리고 있음을 의미한다. 클린턴이 스캔들의 고비에서 이라크에 대한 적대를 강화해 보기도 했지만 결국 솔직한 진술로 동정을 얻어낸 점이 바로 포스트 모던이다.

그럼에도 불구하고 북한 핵은 냉전의 와해를 막고 있는 빗장이다. 미국은 이미 1990년대 초부터 북한 핵을 주시하고 있었지만, 북한은 1993년 갑작스런 NPT(핵확산금지조약) 탈퇴 선언에 이어 이른바 '벼랑 끝외교(Brinkmanship)'를 벌여 긴장을 조성했다. 그런데 이것은 예의 틀 밖에서 아시아 쪽으로 확산되는 냉전의 와해를 막는 효과를 가져다

주었다.

　　그러나 그 후의 전개를 보면 북한의 이런 파워 플레이에 미국이 응해 북한이 간신히 체제를 유지하고는 있지만 경제 파탄과 집단 난민의 발생이라는 점에서 여느 문제지역과 근본적으로 동일하다는 사실이 갈수록 분명해지고 있다. 냉전의 전면적 와해를 저지시켜 주었다는 효과를 발생시키기는 했지만 기껏해야 근대국가의 역사적 적합성을 정면에서 묻는 질문을 유보한 정도에 지나지 않는다.

　　다음 디리버티브, 다시 말해 한쪽 둑을 막아도 물은 어디로든 허약한 쪽을 공격해서 자신을 관철해 나간다. 변화는 바로 대홍수와 같은 것인지도 모른다. 냉전의 와해, 즉 미·소가 군사적 대결로 피폐해지고 이 건너편에 일본이 경제대국으로 일어선 것으로 생각하지만 미·일 역전이나 재역전이라는 견해는 이후의 전개과정을 보면 크게 잘못된 것이다.

　　이것은 1980년대 중반 이후 10년 동안 강력한 역동성으로 세계를 휩쓸고 있는 경제라는 산 동물의 움직임을 간과한 채 세계를 낡은 국가 단위로 끊어보고 있기 때문에 문제의 본질을 놓치고 있는 것이다.

변화는 바로 대홍수와 같은 것인지도 모른다. 냉전의 와해, 즉 미·소가 군사적 대결로 피폐해지고 이 건너편에 일본이 경제대국으로 일어선 것으로 생각하지만 미·일 역전이나 재역전이라는 견해는 이후의 전개과정을 보면 크게 잘못된 것이다.

1993년 8월 미국의 『비즈니스 위크』지는 '세계 경제, 뭔가 잘못되었다'는 글(이하 1993년 8월 8일자 『문화일보』 칼럼)에서 사회주의에 대한 자본주의의 승리, 그리고 냉전 종식에 따른 평화배당으로 인류를 한층 풍요롭게 해야 할 이 시대가 거꾸로 공전의 불황으로 허덕이는 이유를 물었다. 이 잡지는 세계 경제의 갑작스런 통합에 그 이유가 있는 것 같다고 했다. 마치 동독이 서독에 통합되면서 서독 경제에 타격을 준 것과 비슷하다는 것이다. 제3세계나 공산권에 속했던 30억의 인구가 세계 경제에 편입되면서 혼란이 일어났다는 것이다.

그 예로 1989년 이후 3년 동안 개도국이 세계 무역에서 차지하는 비중이 3% 증가되어 전체적으로 20%를 차지하게 되었고 무엇보다 후진국의 값싼 노동력이 당시 선진 7개국 모두를 휩쓴 실업 파동, 즉 2천7백만 명의 폭발적 실업 증가와 함수관계에 있다는 것이었다. 이 잡지는 이어 그러나 '벽을 쌓을 것인가 아니면 다리를 놓을 것인가'라면서 세계 경제의 확대균형, 새로 편입되는 지역의 구매력 향상과 막대한 사회간접자본 투여에 희망을 걸었다. 나아가 앞으로 2~3년, 다시 말해

1995~1996년 경이나 비관적으로는 10년 쯤 뒤에 러시아나 중국 또는 제3세계가 세계 경제에 힘이 될 것을 기대하고 있다.

당시 필자는 이 『비즈니스 위크』를 인용하면서 선진국이 적극적인 평화 전환을 회피한 책임이 있다는 논리를 펼친 바 있다. 누구나 느끼고 있는 일이지만, 오늘날 세계 경제의 먹구름이 소련이나 동구 혹은 중국의 세계 경제 편입에 연유하고 있다고 생각하지는 않을 것이다. 아니, 오히려 저개발 국가가 확대균형을 도모하지 않은 데에 그 이유가 있다고 생각할 것이다. 또 후진국의 교역 규모가 3% 증가한 것이나 후진국의 경제활동 증가와 선진국 실업이 함수관계에 있는 것은 동남아나 남미에서 보여지는 일본 자본의 해외전개일 뿐이라고 생각할 것이다.

그러나 필자는 『문화일보』 칼럼에서 다음과 같이 말했다.

미국과 소련이 온 국력을 기울여 군비경쟁으로 돈과 시간을 허비하는 동안 세계의 돈이 일본으로 몰려들었다. 부의 편재는 한 나라에서도 불황이라는 자본주의 시장경제 메커니즘의 완성이지만 이러한 부의 일본 집중은 자본주의 세계 체제의 심각한 동요를 야기시키는 것으로서 세계 불황의 핵심이 된다. 요컨대 일본에 돈이 몰려 다른 나라들은 허덕이게 될 뿐만 아니라 이보다 더 나쁜 것은 이 집중된 부가 일본에서 이른바 '거품경제'를 연출해내어 그나마 소멸하게 된다는 점이다. 거품이 일기 전에 이 돈을 소련이나 동구, 중국 혹은 1980년대의 10년을 잃어버린 세월이라고 한탄했던 제3세계에 투자하여 소중한 세계 경제의 확대균형을 선도하지 못한 책임을 일본에 묻는 것은 오히려 어리석은 일일 것이다.

어쨌거나 『비즈니스 위크』지는 앞으로 이르면 2~3년, 비관적으로는 10년쯤 뒤에 자연스럽게 러시아나 중국 혹은 제3세계가 세계 경제의 힘이 되어줄 것을 기대하고 있지만 실제로는 G7이 지금보다 훨씬 심각한 대불황의 엄습 같은 것을 치루고 나서야 클라인 교수 방식의 처방을 들고 나와 세계 경제를 재건하는 작업에 나설 것 같다. 앞으로 2년이던 아니면 그 이상이 되던 세계 경제는 도리없이 불황의 늪에서 허덕일 수밖에 없다는 점에서는 비즈니스 위크와 의견이 같다.

그러나 『비즈니스 위크』지나 당시 필자의 견해는 잘못되어 보인다.

이것은 단선형(單線型)의 사고법으로서 역사가 갖는 역동성에 턱없이 못 미치고 있기 때문이다. 새로운 세계 금융자본 시장이 미·일 경제쟁패를 대신해 간다는 설정은 역사의 무게를 다시 한 번 실감하게 한다.

이제는 근본에서 다시 살펴보아야 할 것 같다. 우선 사회주의에 대한 자본주의의 승리라는 측면을 보자. 필자는 앞에서 오늘의 세계를 보는 기본 구도 가운데 하나가 '보수대 진보'가 아니라 '보수와 진보를 포함하는 수구대 변화'라고 규정했다. 이런 입장에 서면 자본주의든 사회주의든 낡은 틀은 모두 대변화에 직면할 것이고 변화는 미래가 현재에 와있는 것이기 때문에 이겨낼 수가 없다는 논리를 얻게 된다.

그렇다면 변화란 구체적으로 무엇인가. 장(章)을 달리해서 그 본질과 운동법칙을 천착해 볼 생각이지만 여기서는 앞에서 지적한 대로 세계의 생산 능력이 세계 인구의 다섯 배나 먹여 살릴 수 있게 된 오늘날의 과잉을 주목하고자 한다. 다시 말해 단순한 공급과잉이 아니라 절대과잉이 자본주의 메커니즘을 어떻게 파괴하여 세계 금융자본으로 귀결되었는지, 과잉유통과 과잉소비가 사회의 운동법칙의 물적 기초를 어떻게 교

이러한 변화는
자본주의 국가나
국가자본주의적이었던
사회주의 국가,
즉 현실 사회주의 체제에
거세게 몰아쳐오고 있다.
이것은 대홍수와도
같아서 약한 곳이
무너지면 결국은 모두
물에 잠기게 되는
원리와 같은 것이다.

란시켜 상부구조를 흔들고 있는지의 문제가 바로 그것인데, 이것은 변화
와 그 운동법칙에 관련된 문제들일 것이다.

어쨌거나 이러한 변화는 자본주의 국가나 국가자본주의적이었던 사
회주의 국가, 즉 현실 사회주의 체제에 거세게 몰아쳐오고 있다.이것은
대홍수와도 같아서 약한 곳이 무너지면 결국은 모두 물에 잠기게 되는
원리와 같은 것이다.

다음으로 냉전 종식에 따른 평화배당의 문제이다. 그러나 지난 10
년 간의 경험은 이미 평화배당이란 없다고 말해준다. 지난 경험이 아니
라 본질에서도 근대국가 체제를 전제로 한 평화 전화이란, 레너드 르윈
이 이론으로 설파한 것처럼, 자기모순적이어서 현실에서 보면 지난 10년
사이에 이미 평화라는 적이 쳐들어와 근대국가를 교란하는 과정을 우리
는 보고 있는 것이다.

더구나 이런 과정을 '세계 경제의 통합' 이라거나 '통합에서 빚어지
는 불가피한 혼란' 정도로 과소평가한 것은 잘못된 것이며, 벌써 10년이
란 세월이 흘러 애초의 판단이 틀렸다는 것이 분명해졌음에도 여기에 다

시 미·일 역전이니 재역전이니 세계화니, 아니면 미국 일국 패권 시대니 하는 것은 바로 우리 시대의 지적 무능력 상태를 드러내고 있는 것에 지나지 않는다.

세계 경제는 통합의 길을 가고 있는 것이 아니라 국가 단위의 세계 경제 체제가 무너져서 혼란이 일어나고 있는 것이다. 왜 자본주의가 세계 규모의 확대균형을 도모하지 못하는가 하는 문제의 답은 여기에서 시작되어야 한다. 세계적 냉전 체제는 경제 쪽에서도 와해 중인 것이다.

대불황 이후에 세계 경제의 재건에 나서건 또는 중국이나 소련권이 세계 경제에 편입되건 이것은 결국 자본주의 체제의 연장에서가 아니다. "독일의 경우처럼 세계 경제도 통합 이후 10년 쯤은 진통을 겪고 나서야 지구 자본주의 체계를 완성할 것이다"라고 보는 것은 이 기간 동안 장기 불황을 겪을지라도 자본주의 틀 자체는 엄존하리라는 단선적(單線的, One liner) 전개에 대한 예상속에서 비롯된 언설이다.

1987년을 정점으로 1초에 1천7백 달러가 무역 흑자의 형태로 일본으로 몰려들어 형성된 재팬 머니는 그러나 그 해 10월 뉴욕증시 대폭락과 동반 폭락하는 세계 증시 동조화(同調化)에 휩쓸렸다. 1991년 다시 동경증시 대폭락으로 2천억 달러가 공중분해 되었다. 그런데 이 해는 소련이 붕괴된 해이고 다음 해인 1992년에는 유럽통화 위기가 이어졌으며 1993년에는 북한 핵이 전면에 등장하여 이러한 정치경제 분위기가 달러를 미국 쪽으로 역류시키기 시작한 것이다. 냉전 와해라는 충격에 안전 우선이라는 돈의 논리가 반응해서 세계 기축통화인 달러 쪽으로 몰려든 것이다. 크게 보면 1974과 1979년의 두 차례에 걸친 오일쇼크로 뭉텅이 달러가 중동으로 건너가 오일 머니가 되더니 이것이 유럽의 금융시장으로 모여 유러 머니 되고 다시 재팬 머니가 이들을 흡수했고 이어 냉전 와해의 충격을 매개로 지금 우리가 보는 디리버티브, 즉 세계 금융자본이 완성된 것이다. 그것이 벌써 1993~1994년 경인데 IMF는 1998년 가을 세계 금융위기 시리즈가 동남아와 동북아를 거쳐 소련을 함몰시키고 나아가 브라질과 칠레로 번져가자 그제사 "지금까지 지구상에 존재하지 않았던 새로운 세계 자본시장이 형성되고 있다"는 인식을 보였다.

이것은 훗날의 일이지만 미 · 일 역전으로 '반짝했던 일본'이 경제

초강대국이라는 허상에 도취되어 이른바 G2(미국과 일본에 의한 세계 지배)와 JAMERICA(일본과 미국의 합성어)를 꿈꾸다가 왜 다시 곤욕을 치르게 되었는가를 짚어내야 새로운 세계 자본시장이 분명하게 한다.

1989년에 베를린 장벽이 무너지고 1991년에는 소련이 해체되었습니다. 1992년에는 유럽에 통화 위기가 발생했고 북한의 핵무기 개발 의혹이 표면화되었습니다. 세계 어디에선가 정치적인 긴장감이 감돌면 세계의 경찰격인 미국의 달러를 사들이고자 하는 기운이 생기게 마련입니다. 투자가들은 유사시에 강한 달러를 사들이고 저금리에 수익성이 낮음에도 불구하고 미국의 국채나 주식에 손길을 멈추지 않습니다. 그러나 1994년으로 접어들면서 세계의 정치적·군사적 긴장감은 대폭 완화되는 추세입니다.

1990년 『대불황』이라는 공전의 베스트셀러를 남긴 라비 바트라는 그래서 1994년 이후로는 달러의 미국 재입국이 끝나고 미국은 1995년 무렵 뉴욕증시가 대폭락을 일으키면서 공황으로 진입할 것으로 내다봤다. 그러나 바로 이 무렵이 일본 자본주의의 한계가 표면으로 부상하면서 미국은 회생했다.

아래 글은 1994년 1월 『문화일보』에 게재된 필자의 글이다.

주락(酒落)하는 일본 자본주의

주식회사 일본은 지금 진퇴양난이다. '부자는 망해도 3년'이어서 당장 거덜날 일은 아니로되 적대적으로 변해버린 환경에 적응력을 잃어가는 거대한 공룡을 닮아가고 있다. 벤슨 미 재무장관은 최근 엔화가 약세로 반전하는 기미가 보이자 "일본이 불황에서 벗어나기 위한 방편으로 엔화의 평가절하를 방조해서 수출을 늘리는 것은 절대 용납하지 않겠다"고 쐐기를 박았다. 그렇다고 일본 기업이 고용 축소, 임금 삭감 등의 방법으로 경쟁력을 강화하면 또 한 차례 엔고가 진행, 스스로 목을 죄는 셈이 된다.

흑자가 늘면 환투기가 엔고를 부추겨 일본은 가치가 하락한 달러를 안게 되고 이는 다시 고용 축소나 임금 삭감 등 합리화로 생산성을 제고해서 대응하게 되고 이래서 다시 흑자가 늘면 엔고가 지속되는 쳇바퀴다. 그러나 일본 경제의 진정한 위기는 이렇게 미국에 목덜미를 잡히고 있는 것뿐만이 아니다. 일본 자본주의 자체가 구조적으로 내리막길에 접어들기 시작했다.

일본 경제의 비밀은 일본 은행을 정점으로 한 신용 창조, '부동산 자본주의'의 팽창 시스템속에 숨어 있었다. 일본 은행들은 자금 조달 비용이 극히 낮은 저리대출자금을 최적기에 최우선적으로 집중 투입해서 거대 자금을 필요로 하는 대량생산 체계를 떠받쳐 왔다. 보유부동산 가격의 끊임없는 상승이 바로 여기 매개해서 일본 기업들은 실질적인 코스트 제로의 자금을 얻어 썼다. 불과 몇 10년 전에 취득한 부동산이 수만 배로 뛰어서 시가와 장부 가격의 차액이 거대한 담보력이 된 것이다. 일본 기업의 1990년도 토지와 주식의 이런 '내부 이익'은 8백68조 엔에 달했다. 일본 GNP의 두 배다.

특히 1980년대 중반 이후 '버블 시대'에는 토지와 주가가 급팽창, 보유부동산 가격이 오르면 주가가 오르고 오른 주가를 활용해서 자금을 조달, 투자를 확대하면 다시 주가가 오를 수밖에 없다는 허순환(虛循環)이 맹렬하게 회전했다.

도요타 자동차는 1985년부터 1989년까지 이 같은 수법으로 국내외에서 5천

2백억 엔의 자금을 코스트 제로로 조달했다. 같은 시기 GM의 차입금 평균이자가 8.8%이었던 것이 그대로 이들의 경쟁력 격차가 되어 나타난 것이다.

그러나 버블이 꺼지자 이런 메커니즘이 깨져서 일본의 자동차는 물론 반도체, 가전, 산업전자 등 주식회사 일본을 대표하는 기업들이 맨 먼저 직격탄을 맞게 된 것이다.

버블의 붕괴는 자산 디플레(부동산 가격 하락), 시장의 축소, 엔고 디플레의 트리플 디플레 현상을 낳았고 이 삼중고 속에서 이제 일본 기업은 과잉확대 때문에 허덕이고 있다.

예컨대 일본의 자동차산업은 1990년 1천3백만 대를 생산했으나 지난 해 생산대수는 1천2백만 대를 넘지 못했다. 당연히 감가상각비, 금융비용, 인건비 등 고전비용이 급등해서 제조원가를 끌어올렸다. 이제는 1백50만 엔 이하의 자동차를 만들어서는 수지가 맞지 않는다는 고 코스트 체질이 되고 말아 한국 자동차 수출이 반사 이익을 보고 있다.

또한 일본 기업의 세계적 경쟁력은 처음부터 미국이라는 시장과 불가분의 관계에 있었다. 일본 경제가 경기 후퇴에 빠져도 미국 시장은 이런 경기 후퇴를 완충해 주면서 지속적으로 신규 투자의 가동률을 안정시켜 주었다. 그러나 1985년 이후 미국은 일본이 대미 수출로 벌어들인 돈을 다시 빚내서 구매력 저하를 막아 일본 수출을 늘려주면서 급속하게 쌍둥이 적자가 팽창했고 이제 급기야 더 이상 안 된다면서 문을 걸어 잠그는 지경까지 간 것이다.

일본의 벽은 그러나 서쪽에만 생긴 것이 아니라 동쪽에서도 나타났다. 일본은 1989년을 전후해서 미국의 압력을 피해 동남아 현지 생산을 강화해왔다. 그런데 최근 보면 이들 동남아 국가의 경제는 일본 엔화권에 포괄되었지만 이들 경제를 실제로 중국 화교들이 장악하고 있어서 중국의 영향력이 증대하고 있다는 이중성을 띄고 있다. 이것은 한마디로 일본 경제의 또 다른 앤티 클라이막스다.(中略)

수십 년 동안 일본 주식시장을 지켜온 어느 일본 증권 전문가는 "요즘 주가의 움직임을 보노라면 살기가 느껴진다"고 했다. 이 살기가 일본 경제는 물론 지난 10년 동안 일본 경제가 주도했던 세계 경제를 겨냥하고 있는 것 같아 두렵다.

최근 보면 이들 동남아 국가의 경제는 일본 엔화권에 포괄되었지만 이들 경제를 실제로 중국 화교들이 장악하고 있어서 중국의 영향력이 증대하고 있다는 이중성을 띠고 있다. 이것은 한마디로 일본 경제의 또 다른 앤티 클라이막스다.

요즘 일본과 미국은 세계 경제 불황을 놓고 서로 헐뜯고 있다. 미국은 일본이 자기 나라와 아시아의 디플레를 방관하고 있으며 특히 전술한 일본형 자본주의의 본질, 즉 정치와 경제의 일체화를 비롯하여 내부 거래나 평생고용제도에 이르기까지 이른바 '아시아적 가치'를 구조조정하라고 윽박지르고 있다. 일본은 불황의 책임이 월스트리트의 투기를 방치하는 미국에 있다는 소신을 굽히지 않는다. 그러나 이미 이니셔티브를 잃은 일본이나 세계 자본시장에 안방을 내준 미국 정부 모두 예의 포스트 모더니스트들이다.

마하티르 말레이시아 수상이 국제범죄집단이라고 부르고 일본 언론이 요카이(妖怪)라고 매도하는 조지 소로스가 운영하는 헤지 펀드가 퀀텀(Quantum, 量子) 펀드다. 소로스가 양자역학에 매료돼서 붙인 이름이다. 살기는 닛뽄도(日本刀)에서 나오는 것이 아니라 아무래도 핵분열 같은 것인 모양이다.

그가 재귀이론(再歸理論, Reflexivity Theory)이라 해서 양자역학의 '관찰상황'을 빌리고 있는 것이 엉뚱하다. 실험 방식에 따라 개별적으로 존재하는 입자로도 나타나고 연속적으로 이어지는 파동으로도 나타나는 것이 양자의 상보적(相補的) 특성이다. 관찰하는 행위 자체가 관찰에 영향을 준다. 투자자가 주가나 환율을 관찰하고 반응하는데 따라 그 움직임을 좌우할 수 있고 반드시 고전적 수요 공급에 따르는 것은 아니라는 것이다. 아이러니컬한 일이지만 국가간의 경제 관계라는 세계 경제 틀이 무너지면서 주가나 환율이 비유컨대 고전물리학의 틀에서 소립자의 혼돈장으로 빨려 들어갔다는 점에서 그럼직해 보인다. 그러나 이것 한마디로 자본이 이제 제 마음대로 날뛰게 되었다는 것 이상이 아니다.

소로스가 현학적인데 비해 그의 경쟁자 타이거나 재거 등의 맹수 쪽은 감각적이다. '국가경제'라는 고삐가 풀린 망아지 격인 자본의 야성을 과장해서 맹수에 비긴 헤지 펀드명이 또 그럴듯 하다.

어쨌거나 워 게임이 의미를 잃더니 레너드 르윈의 피스 게임이 아니라 소로스의 머니 게임이 그 자리를 점령한 것이다. 돈의 이니셔티브에 국가 권력이 종속되면서 월스트리트와 미 재무성이 결합한 것은 이상한 일이 아니다. "월스트리트가 재무성을 점령했다"는, 루빈 재무장관을 비롯한 인맥의 흐름 또한 그렇다.

미국이 지난 10년 동안 자유무역과 자본자유화를 그토록 강력하게 밀어붙인 배경은 월스트리트와 미 재무성이 국가라는 시스템을 배제했다는 뜻에서 야합이라 할 수 있다. 지난 일이지만 미국이 밀어붙인 자본자유화는 이들 투기꾼들의 마당 만들기라는 점에서 당연했으나 무역에서 관세장벽 등 국경을 난폭하게 게어버리는 것은 이해하기 어려운 일이다. 산업 경쟁력이 월등한 일본만 좋은 일을 시키는 게 아니냐는 소박한 의문이 있었던 것이다. 그러나 장(場)을 다루는 최첨단 수학(나사에서 고용한 이른바 로켓 보이라고 불리는 첨단 수학자들)에서는 예컨대 일본이 흑자가 늘어 엔고가 진행되는 메커니즘, 즉 대미 환율 변화가 바로 이들 펀드들의 먹이가 된다는 논리 쯤은 계산될 수 있을 것으로 보여 이제는 이러한 머니 게임이 납득이 된다.

고객으로부터 모으거나 자기 돈 1억 달러만 있으면 은행에서 9억 달러의 차입을 얻어(지렛대를 사용했다고 한다) 10억 달러를 투입해서 5천만 달러의 이익을 냈다면 차입이자를 포함해서 예의 1억 달러가 한번에 원금의 50%를 확보하게 되는 것이다.

금리가 가장 싼 일본에서 주로 돈을 빌리는 것도 재미있지만, 다시 10의 원금만 있으면 90을 빌려 투자해서 과실을 챙기면 이자만 주고 나머지를 10이 먹는 해괴한 놀음으로 기존 세계 금융 체제까지 카지노 판으로 끌어들이고, 이래서 유사시 자본 동원력이 G7 중앙은행의 10배가 넘어서게 된 괴물이 이들 헤지 펀드다.

세계를 오가는 하루 금융거래액 1조5천억 달러 가운데 95%가 이들 단기차익을 노린 핫머니들의 게임이다. 1992년 파운드화 공략에 이어 1993년에는 마르크와 프랑을 흔들더니 1995년에는 엔고에 편승했고 그 후에는 달러강세에 배팅하면서 동아시아를 쑥대밭으로 만들고 있는 것을 우리는 지금도 멍청하게 바라만 보고 있다. 무슨 파생금융상품이니 선물거래니 하지만 이들의 상품이나 물(物)에는 러시아 경제든 라틴아메리카 경제든 아니면 동남아 국가든 한국이든 모두 거래가 가능한 상품이고 물(物)이다.

그러나 1998년 10월 러시아가 '배 째라(속칭 BJR)'고 드러눕고

브라질 칠레 쪽에서 새 IMF 가족이 탄생하게 되자 이들은 세계 경제라는 카지노 판이 깨지고 있어서 다급해졌다. 10월 7일 동경 외환시장에서는 한 미국계 헤지 펀드가 한번에 5천억 엔 규모의 달러 표시 채권을 팔자고 내놨다. 1백46엔을 넘어서 1백50엔 돌파가 초읽기에 들어선 듯하더니 갑자기 거꾸로 1백18엔 선까지 곤두박질, 달러 투매와 엔 매입 러시가 벌어진 것이다. 다이치 간교(第一勸銀) 종합연구소 마카베 시장조사 부장은 "단일 매도 주문으로 5천억 엔짜리는 처음 본다"고 혀를 내둘렀다.

갑자기 일본 경제가 좋아졌다거나 미국 경제가 나빠져서가 물론 아니다. 러시아의 디폴트 선언과 브라질과 칠레의 경제 파탄에 새로운 세계 자본시장이 반응한 세계 경제의 새로운 모습이다.

그동안 무디스, 스탠더드 앤 푸어즈 등 신용평가기관들이 갑자기 설치고 또 모럴 헤저드(도덕적 해이)라는 그럴싸한 말로 어르고 달래서, 돈을 새로 꿔주고 가산금리를 챙기는 것까지는 예의 '물(物)'이지만 이제 '배 째라'는 데는 어쩔 것인가. 위기를 느낀 새로운 금융시장이 한국

경제가 회복되고 있다고 입을 모으는가 하면 가혹했던 조건들을 완화시
켜주는 선심을 보이고 잘 되어간다고 등을 두드리고 있다.

증권시장 쪽으로 외국인 투자가 느는 듯하더니 10월 초 움찔했던
이들은 이번에는 뉴욕증시를 비롯한 도쿄, 동남아 쪽 증시를 또 끌어올
리는 모양이다. 한시도 쉬지 않고 움직이는 이들의 지향은 어디인가.

혼돈이론의 프리고진은 한 강연회에서 다음과 같이 얘기했다.

오늘날 인류는 사회활동 전반에 걸쳐 불안정성과 비가역성(非可逆性) 그리
고 예측불허의 변화와 관련된 문제들을 뼈저리게 체험하고 있습니다. 일례로
1987년 10월 19일 월스트리트의 증권시장은 악명 높은 '마의 월요일'을 치렀습니
다. 프로그래밍에 의해 자동 매각되는 컴퓨터 시스템에 따라 걷잡을 수 없는 대
폭락 사태가 연쇄 반응한 것으로, 전혀 예상치 못했던 변수들의 폭주였습니다.
이런 예기치 못한 사건이 터진 뒤로 온 세상은 갑자기 예측불허의 법칙, 혼돈의
법칙 등에 관심을 쏟게 된 것 같습니다. 과학의 발전과 사회의 관심이 전혀 다른
방향에서 묘하게 한 곳으로 일치한 경우입니다.

이것은 묘하게 일치한 우연이 아니다. 지구라는 틀, 국가라는 틀, 자연과 사회가 한꺼번에 흔들리고 있어서 이 둘의 공명(共鳴)을 통해 세상은 이제 자연과 사회가 하나가 되는, 전혀 새로운 질서로 스스로 짜여 (Self Organization) 가고 있는 것 같다.

그러나 이것은 묘하게 일치한 우연이 아니다. 지구라는 틀, 국가라는 틀, 자연과 사회가 한꺼번에 흔들리고 있어서 이 둘의 공명(共鳴)을 통해 세상은 이제 자연과 사회가 하나가 되는, 전혀 새로운 질서로 스스로 짜여(Self Organization)가고 있는 것 같다.